RCN GLP Jahrbuch
2024

Wolfgang Förster

MIX
Papier aus verantwortungsvollen Quellen
Paper from responsible sources
FSC® C105338

Bibliografische Information der Deutschen Nationalbibliothek:
Die Deutsche Nationalbibliothek verzeichnet diese Publikation in der Deutschen Nationalbibliografie; detaillierte bibliografische Daten sind im Internet über http://dnb.d-nb.de abrufbar.

Fotos: Holger Hüttig (www.eifelblitzer.de), Patrtick Funk (www.vln-pix.de), Kevin Pecks (www.chequeredflag.de), Tatjana Schmidt, Wolfgang Förster

Verlag: BoD · Books on Demand GmbH, In de Tarpen 42, 22848 Norderstedt
Druck: Libri Plureos GmbH, Friedensallee 273, 22763 Hamburg

ISBN: 978-3-7693-0715-3

Die aufgeführten Informationen wurden sorgfältig recherchiert.
Dennoch kann der Autor für die Richtigkeit keine Gewähr übernehmen.

Inhalt

Liebe GLPler

Zwei Ereignisse belasteten die diesjährige Motorsportsaison am Nürburgring.

Da war zum einen der Streit um die Ausrichtung einer Langstreckenrennserie, bei dem sich die Parteien gegenseitig das Leben schwer machten. Ob es in der heftigen Auseinandersetzung einen Gewinner gab? Ich weiß es nicht. Sicher ist aber, dass der Konflikt dem Ansehen des Motorsports in der breiten Öffentlichkeit nachhaltig geschadet hat.

Am 2. August passierte dann das, womit keiner gerechnet hätte: Bei den Vorbereitungen für den NLS Lauf am kommenden Tag explodierte im GP-Fahrerlager eine Druckluftflasche. Neunundzwanzig, zum Teil schwerverletzte Opfer gab es zu beklagen. Dieser schreckliche Unfall wäre vermeidbar gewesen, aber er ist passiert.

Motorsport ist gefährlich! Dessen müssen wir uns bewusst sein.

Jedoch können wir das Risiko minimieren, wenn wir uns an die Regeln halten. Immer!

In diesem Sinne...

Wir sehen uns am Ring.

Euer

Wolfgang Förster

Liebe Aktive

ich glaube, dass wir wieder einige sehr spannende GLPs erleben durften mit vier verschiedenen Gesamtsiegern vielen punktgleichen Platzierungen.

Einige Rookieteams mit diversen Top 10-Ergebnissen zeigten auch wieder, dass
starke Konkurrenz für die Etablierten nachwächst. Aber wie immer, gibt es nicht nur
schönes zu vermelden. Die Starterzahlen sind weiter rückläufig. Hierfür gibt es einige
Gründe. Ich versichere euch, dass ich hieran arbeite und hoffe, dass wir 2025 wieder
größere Starterfelder bei unserer familiär geprägten Motorsportserie begrüßen dürfen.

Jetzt möchte ich mich nur noch bei allen Helfern, angefangen in der Dokumentenab-
nahme bis hin zum Sportwart der Streckensicherung bedanken.

Ein ganz besonderer Dank geht an den scheidenden TK-Obmann Rolf Lambertz, der
von Anfang an dabei war.

Ihr/Euer

Jürgen Seidel

GLP Siegerehrung

2023

Wegen Umbauarbeitenarbeiten konnte die traditionelle GLP Jahressiegerehrung in diesem Jahr nicht im Dorint Hotel stattfinden. Aber auch im ring°werk wurden die erfolgreichen Motorsportler aus der Hotelküche bestens verpflegt.

GLP Saison 2024

RCN GLP Gleichmäßigkeitsprüfungen in der 27. Saison

Die GLP Rahmenausschreibung für die Saison 2024 enthielt eine Überraschung. Demnach sind ab sofort auch Wagenpassfahrzeuge der Gruppe R „RCN-Produktionswagen" (entspricht der Gruppe V der NLS) für die GLP zugelassen. Die beliebte Einsteigerserie entwickelt sich weiter!

Das Nenngeld wurde für das Jahr 2024 nicht erhöht. „Trotz der allgemeinen Preiserhöhungen konnten wir das Nenngeld auf dem Niveau von 2023 halten," freut sich Fahrtleiter Jürgen Seidel. Allerdings vermeldet er auch einen „Wermutstropfen": „Die Kosten für die Zeitnahme sind in diesem Jahr derart stark gestiegen, dass wir sie leider auf die Teilnehmer umlegen mussten." Betrug die Transpondergebühr bislang 20,- Euro inkl. der Transpondermiete, werden ab sofort 20,- Euro zuzüglich 20,- Euro Transpondermietgebühr fällig.

Nicht ganz so gut läuft es für die vor drei Jahren neu ins Leben gerufene „RCN Green Challenge" speziell für Elektro-Fahrzeuge. Nach anfänglichem Interesse in der E-Szene sind die Teilnehmerzahlen im letzten Jahr deutlich geschrumpft. Meist war nur noch ein Elektro-Fahrzeug am Start. „Für nur einen

Teilnehmer lohnt der Aufwand nicht," informiert Jürgen Seidel. Wenn zukünftig bis zum ersten Nennschluss weniger als drei Teilnehmer in der „RCN Green Challenge" genannt haben, kann der Lauf vom Veranstalter abgesagt werden. Eigentlich schade. War die RCN mit der Ausschreibung der Green Challenge ihrer Zeit voraus?

Hinter den Kulissen wird schon jetzt kräftig für die neue Saison gearbeitet. Ob alle Ideen umgesetzt werden können, liegt jedoch nicht nur an GLP Organisatoren, auch der DMSB und die Nürburgring GmbH müssen ihr Zustimmung geben. Natürlich kann man es nicht jedem Teilnehmer recht machen, aber die Crew um Jürgen und Rita Seidel gibt ihr bestes um auch 2025 wieder bezahlbaren und interessanten Breitensport auf dem Nürburgring anbieten zu können. Wir halten euch auf dem Laufenden.

Kann sich jemand an eine GLP ohne Rolf Lambertz erinnern? Wohl kaum. Mit dem Finallauf 2024 geht das Urgestein der GLP in den wohlverdienten Ruhestand. Angedroht hat es der Obmann der Technische Kommissar aus Brühl schon seit Jahren immer mal wieder. 2019 vom ADAC für seine Verdienste im Motorsport mit der Ewald Kroth Medaille in Gold mit Kranz ausgezeichnet, meint er es nun Ernst und will in Zukunft mehr mit seinem Wohnwagen verreisen. Rolf, Danke für alles und maach et joot!

1. GLP Lauf „Bergischer Schmied" (27.04.2024)

Erfolgreicher Saisonstart

Zweiter Sieg für
Steven und Jennifer Ostrowski

Gutes Motorsportwetter und eine entsprechende Stimmung bei den hochmotivierten Teilnehmern bestimmten die diesjährige Saisoneröffnung, die GLP „Bergischer Schmied", ausgetragen vom Bergischen Motor-Club im ADAC. Nicht am Start waren die GLP Gesamtsieger von 2018 bis 2020 sowie 2022 und 2023, Oliver und Udo von Fragstein. Das ließ Raum für Spekulationen.

Als Fahrtleiter Jürgen Seidel am frühen Samstagmorgen die Teilnehmer zur Fahrerbesprechung begrüßte war es trotz Sonnenschein noch sehr kalt in der Eifel. Ab und an schob sich eine Wolke vor die Sonne, aber es sollte während der gesamten Veranstaltung trocken bleiben. Nach der üblichen Einweisung in die GLP Aufgabenstellung, der Erläuterung der Flaggensignale und dem Hinweis auf die neue Asphaltdecke im Bereich Fuchsröhre/Adenauer Forst schickte der Fahrtleiter „seine" Fahrer auf die traditionelle Eifelrennstrecke.

Für die GLP Einsteiger begann nun absolutes Neuland, für die erfahrenen Teilnehmer die übliche Prozedur. Einführungsrunde, Setzrunde, erste Bestätigungsrunde. Und schon hier trennte sich die Spreu vom Weizen: punktgleich mit lediglich 0,1 Zählern führten nach der ersten Bestätigung die für den MSC Wahlscheid im ADAC startenden Andrea und Rolf Derscheid (Much) im Opel Corsa sowie Sebastian Anding (Blaufelden) und Peter Petzold (Insingen) im Honda CRX.

Auch nach der zweiten Bestätigung mit 0,2 Punkten blieben Anding/Petzold an der Spitze der Punktetabelle, gefolgt von Derscheid/Derscheid mit nunmehr kumulierten 1,0 Punkten. Ihnen folgten zu diesem Zeitpunkt mit 1,1 Zählern Harald und Harald (sen.) Ezaru (Pforzheim) im BMW 330ci und auf P4 Joachim Esser und Hans-Josef Pistel (Titz) im BMW 325i und 1,2 Punkten.

Auch zur Tankpause, also nach der dritten Bestätigungsrunde, lagen Anding/Petzold, nun mit 1,2 Punkten weiter in Führung. Bei Steven und Jennifer Ostrowski aus Essen war inzwischen der Knoten geplatzt. Mit einer Null-Runde führte die Zeitnahme den AMG Mercedes nun mit 1,3 Punkten auf dem zweiten Platz. Steven Ostrowski: „Wir haben die Winterpause genutzt um uns noch mehr mit dem Auto vertraut zu machen, haben zu Hause mit einer Funk Lichtschranke geübt um das Fahrgefühl und die Zeit zu optimieren."

Nach der Halbzeit- bzw. Tankpause war dann auch der letzte Teilnehmer aus dem Winterschlaf erwacht. Im Ziel wurden Stefan und Marion Nowara (Troisdorf) im Opel Corsa mit 9,7 Punkten (1,5/1,0/2,5/1,1/1,5/2,1) auf dem zehnten Platz gewertet und erreichten damit ihr bisher bestes GLP Ergebnis.

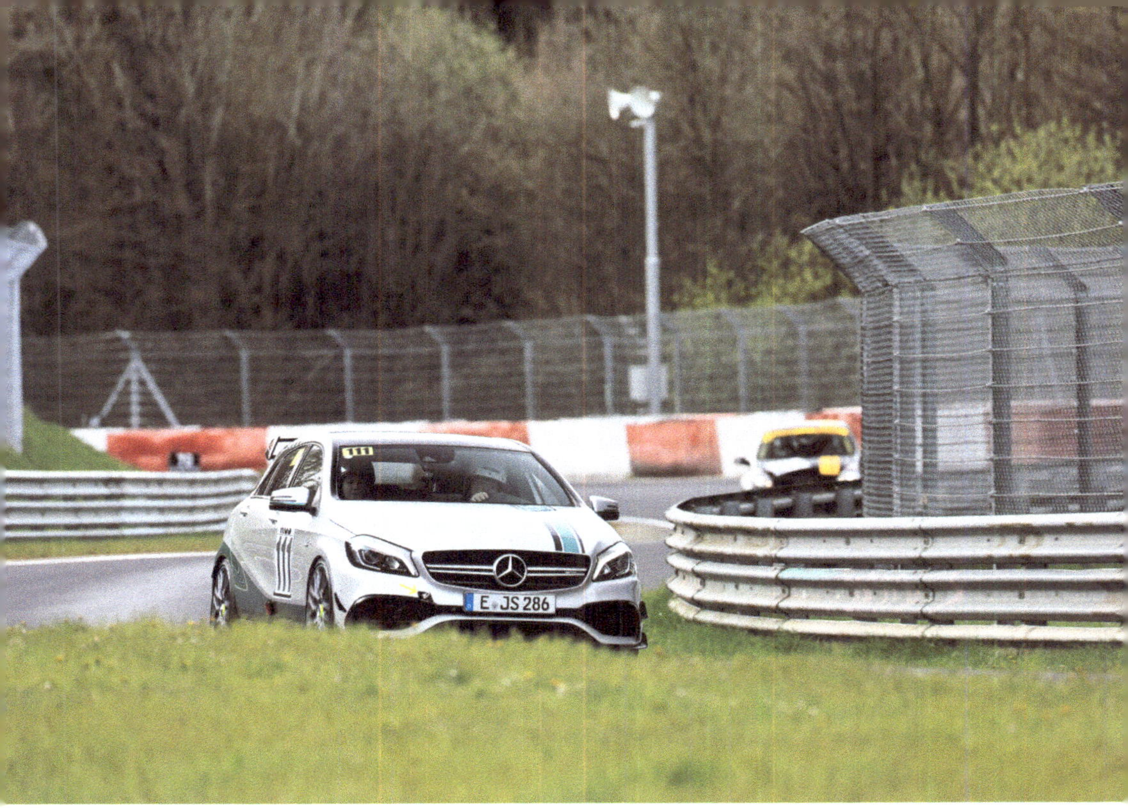
111
E JS 286

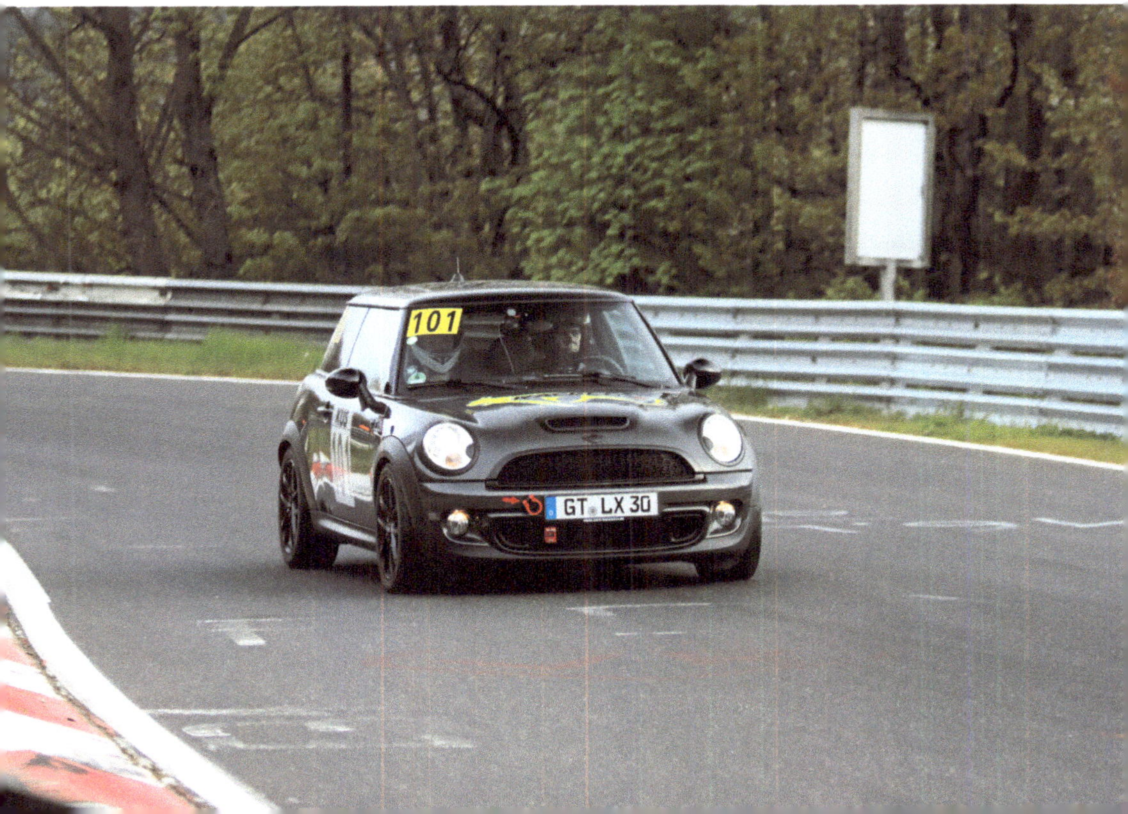
101
GT LX 30

Auf dem neunten Platz dann schon das bestplatzierte Rookie-Team: Andreas und Markus Lux (Langenberg und Soest) im Mini Cooper mit 7,6 Punkten (1,4/0,9/0,1/3,4/1,7/0,1).

Eine Null-Runde schafften auch Gregor Starck und Kalin Rashev (Kaiserslautern), die in der letzten Saison noch in der Rookiewertung starteten. Mit 7,3 Punkten (1,2/0,6/1,0/0,0/1,2/3,3) wurde ihr Suzuki Swift im Ziel auf P8 gewertet. Lediglich die letzte Bestätigungsrunde verhinderte eine bessere Platzierung.

Auch Sebastian Anding fuhr im letzten Jahr noch bei den Rookies und konnte zusammen mit Nadine Philipp die Jahreswertung gewinnen. Beim ersten GLP Lauf des Jahres startete er zusammen mit Peter Petzold auf dem Honda CRX. Am Ende schafften sie mit 7,0 Punkten (0,1/0,2/0,9/2,5/3,0/0,3) den siebten Platz. P6 ging mit 6,8 Zählern (0,5/2,1/1,4/2,2/0,3/0,3) an Patrick Findt (Katzenbach) und Philipp Ahrens (Budenheim) im BMW 323 ti.

Auf dem fünften Platz erreichten mit 6,5 Fehlerpunkten (2,3/1,1/0,8/0,5/1,2/1,1) Markus und Michael Spiller (Hausweiler) im VW Polo 86c das Ziel. Top-Ergebnis für Paul Goroll (Waltenhofen) und Christoph Schlangenhaufen (Krumbach) im Ford Fiesta: P4 mit 5,7 Punkten (0,4/1,7/0,8/0,5/1,2/1,1).

Auf den drei Podiumsplätzen dann drei der aktuellen GLP Favoriten. Auf P4 platzierten sich René und Tina Göbbels (Eschweiler), die unter der Bewerbung des MSC Wahlscheid im ADAC starteten. Mit ihrem sehenswerten VW Golf I GTI sammelten sie in den sechs Bestätigungsrunden 4,1 Fehlerpunkte ein.

Den guten zweiten Platz belegten die GLP Gesamtsieger von 2021, Harald und Harald (sen.) Ezaru. Die Addition der einzelnen Rundenergebnisse ergab für das Vater-Sohn-Team insgesamt 3,8 Punkte (0,5/0,6/0,6/0,4/0,9/0,8).

Ganz oben in der Punktetabelle standen heute aber Steven und Jennifer Ostrowski. Nach dem Erfolg beim Erftquellenpreis 2022 ist das bereits der zweite Sieg für das Ehepaar aus Essen. Entsprechend happy waren die Beiden: „Wir sind heute gut vorbereitet und sehr motiviert in die neue Saison gestartet. Dabei hatten wir wie immer richtig viel Spaß auf der Strecke und das Glück hat auch mitgespielt." Und auch das Umfeld gönnte ihnen den erneuten Erfolg: „Der Sieg von Steven und Jennifer Ostrowski hat mich sehr gefreut nachdem die beiden im Jahr 2023 gleich mehrfach Pech hatten," so Fahrtleiter Jürgen Seidel.

Die Rookiewertung war mit 31 Startern gut besetzt. Davon erreichten 24 Teams das Ziel in Wertung. P1 ging an Andreas und Markus Lux, die wie weiter oben erwähnt, damit auch den neunten Platz in der Tageswertung erreichten. Den zweiten Platz in der Rookiewertung sicherten sich mit 16,3 Fehlerpunkten Stefan und Simon Zimmer (Blieskastel) im BMW 318 ti.

In der Mannschaftswertung hatte das Team des MSC Wahlscheid am Ende die Nase vorn. 26,61 Punkte reichten den Wahlscheider Teams, Göbbels/ Göbbels, Derscheid/Derscheid, Scholl/Röhrig und Dahlhäuser/Dahlhäuser das Team „Null Runde" (Ezaru/Ezaru, Dedekind/Meier, Schlüter/Schneider und Großelanghorst/Bollweg) mit 19,23 Punkten auf den zweiten Platz zu verweisen.

Insgesamt starteten zur GLP „Bergischer Schmied" 103 Teams, von denen 88 das Ziel in Wertung erreichten. „Leider gab es im Vorfeld recht viele Absagen und selbst am Veranstaltungstag mussten noch 7 Teams unverrichteter Dinge den Heimweg wegen Defekten etc. antreten," resümierte Jürgen Seidel nach der Siegerehrung. „Bei optimalen Strecken- und Witterungsbedingungen gab es einen unfallfreien Saisoneinstieg. Alle waren sich einig, dass der BMC eine gut organisierte Veranstaltung angeboten hatte, bei der auch die Teilnehmer sehr rücksichtsvoll miteinander umgegangen sind. So darf es gerne weitergehen, am besten mit ein paar Startern mehr."

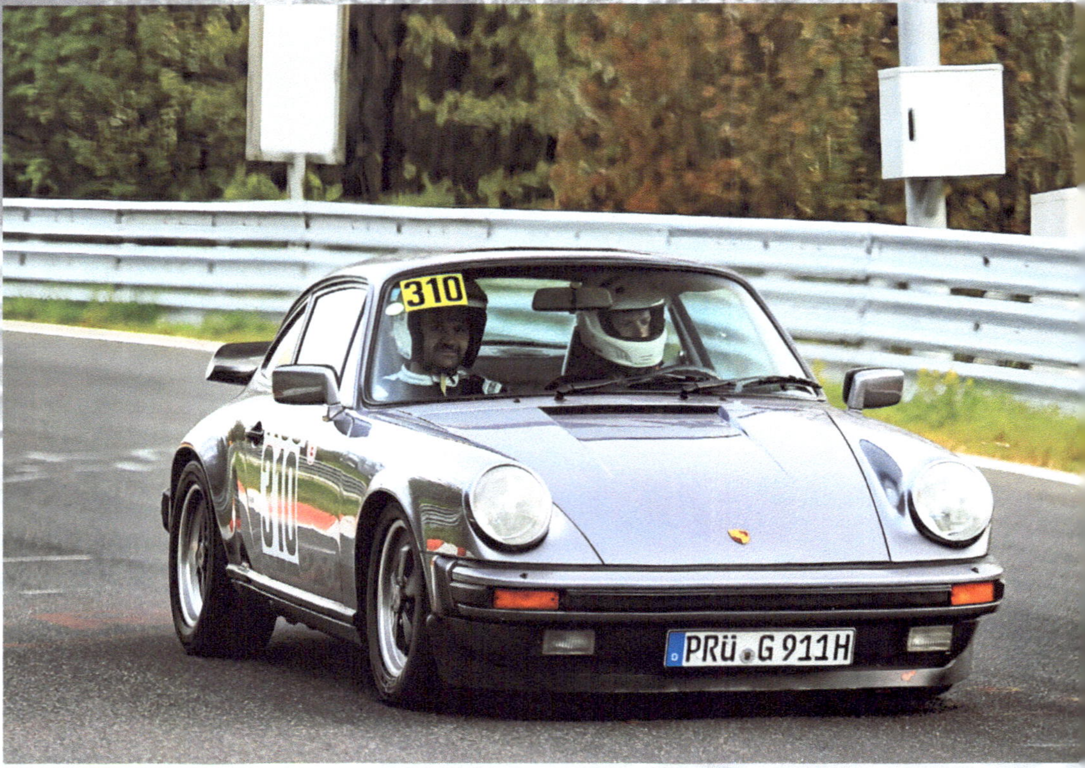
310
310
PRÜ G 911H

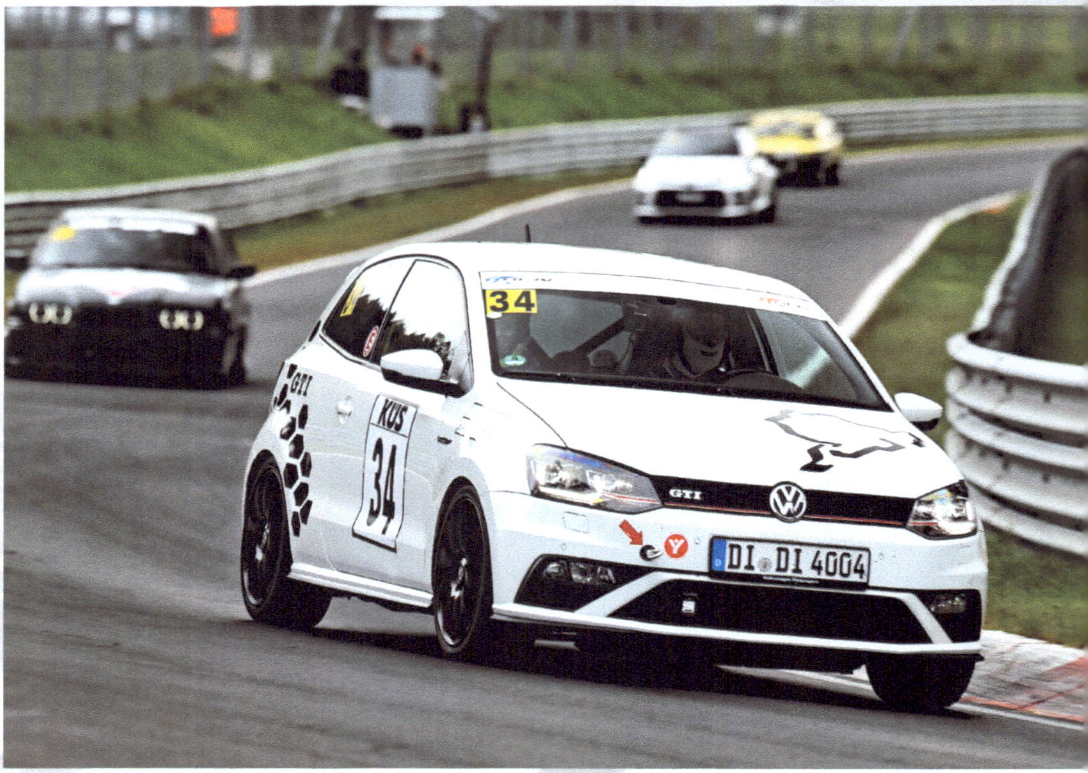
34
KÜS
34
GTI
GTI
DI DI 4004

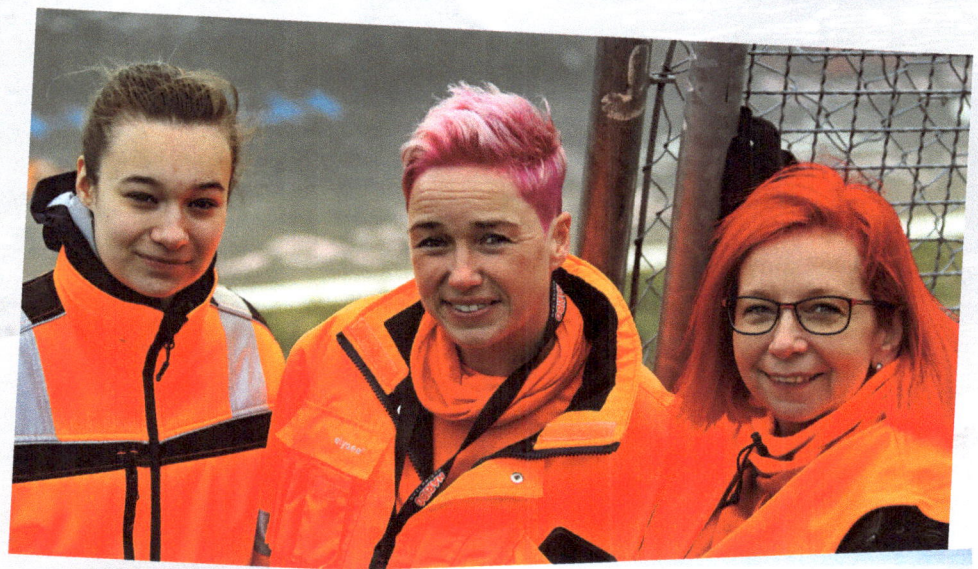

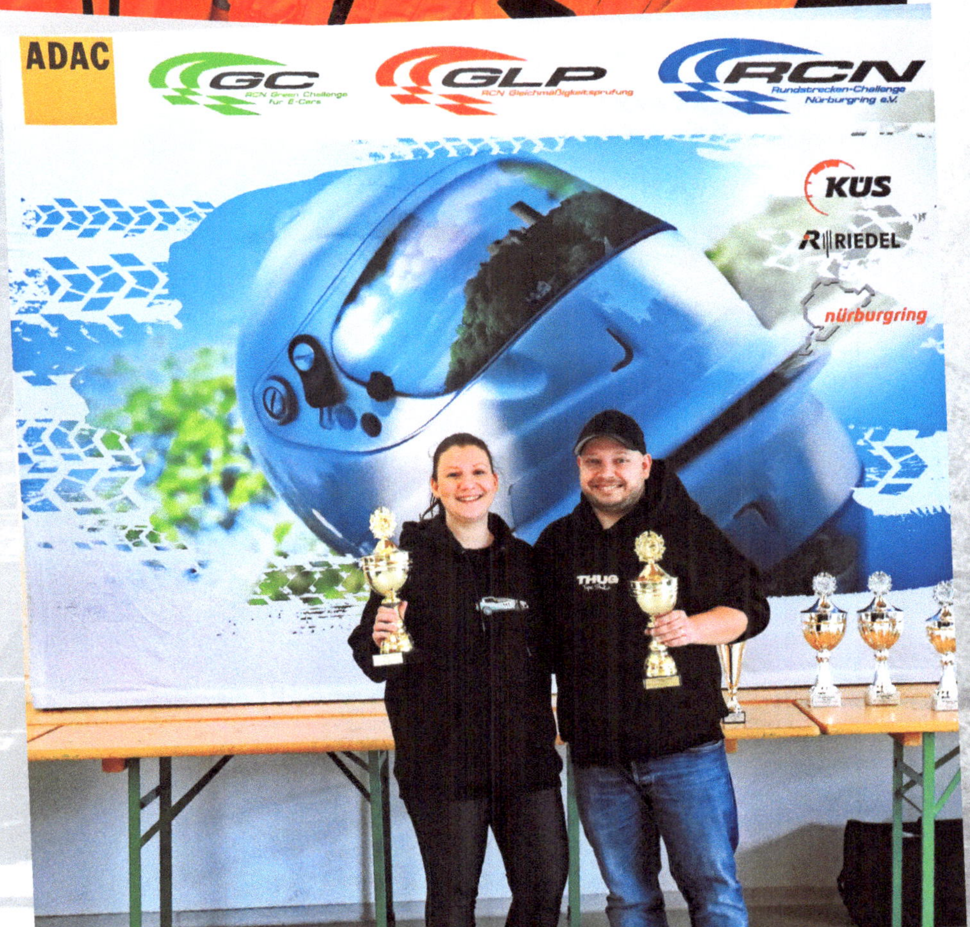
ADAC
GC
RCN Green Challenge für E-Cars
GLP
RCN Gleichmäßigkeitsprüfung
RCN
Rundstrecken-Challenge Nürburgring e.V.
KÜS
RIEDEL
nürburgring
THUG

TOP88 Gesamtwertung (103 Starter)

Platz	Name	Ort	Punkte
1	Ostrowski, Steven	Essen	2.2
1	Ostrowski, Jennifer	Essen	2.2
2	Ezaru, Harald	Pforzheim	3.8
2	Ezaru, Harald (Senior)	Pforzheim	3.8
3	Göbbels, René	Eschweiler	4.1
3	Göbbels, Tina	Eschweiler	4.1
4	Goroll, Paul	Waltenhofen	5.7
4	Schlagenhaufen, Christoph	Krumbach	5.7
5	Spiller, Markus	Heusweiler	6.5
5	Spiller, Michael	Heusweiler	6.5
6	Findt, Patrick	Katzenbach	6.8
6	Ahrens, Philipp	Budenheim	6.8
7	Anding, Sebastian	Blaufelden	7.0
7	Petzold, Peter	Insingen	7.0
8	Starck, Gregor	Kaiserslautern	7.3
8	Rashev, Kalin	Kaiserslautern	7.3
9	Lux, Andreas	Langenberg	7.6
9	Lux, Markus	Soest	7.6
10	Nowara, Stefan	Troisdorf	9.7
10	Nowara, Marion	Troisdorf	9.7
11	Quack, Simon	Mönchengladbach	10.1
11	Abrahams, Henrik	Mönchengladbach	10.1
12	von Scheid, Patrick	Pomster	10.5
12	Richling, Mathias	Wimbach	10.5
13	Derscheid, Andrea	Much	11.2
13	Derscheid, Rolf	Much	11.2
14	Esser, Joachim	Titz	11.2
14	Pistel, Hans-Josef	Titz	11.2
15	Sistig, Christoph	Bergisch Gladbach	13.5
15	Bergmann, Kai	Gummersbach	13.5
16	Petzold, Ralph	Wallerfangen	15.0
16	Ahrens, Manuel	Hasborn-Dautweiler	15.0
17	Marnet, Lion	Glashütten	15.5
17	Marnet, Klaus	Garmisch-Partenkirchen	15.5
18	Zimmer, Stefan	Blieskastel	16.3
18	Zimmer, Simon	Blieskastel	16.3
19	Scholl, Guido	Köln	19.3
19	Röhrig, Max	Lohmar	19.3
20	Heggen, Ralf	Jüchen - Waat	21.1
20	Rombach, Markus	Jülich	21.1
21	Günter, Marc	Baiersbronn	21.6
21	Günter, Sven	Baiersbronn-Obertal	21.6
22	Lehmann, Marc	Jülich	22.2
22	Kremer, Kerstin	Jülich	22.2
23	Gödderz, Sebastian	Winkelhaid	22.9
23	Suitter, Jessica	Winkelhaid	22.9
24	Paslick, Stefan	Wettringen	23.1
24	Paslick, Christian	Wettringen	23.1
25	Fassbender, Wilfried	Hürth	23.2
25	Klein, Rolf	Erftstadt	23.2

Platz	Name	Ort	Punkte
26	Dedekind, Michael	Landshut	23.7
26	Meier, Sandra	Landshut	23.7
27	Markl, Michael	Mühlheim	24.7
27	Markl, Madeline	Rottweil	24.7
28	Kaster, Karl-Alois	Nettersheim	25.3
28	Hansen, Markus	Nettersheim	25.3
29	Overbeck, Thomas	Tönisvorst	27.7
29	Reichle, Uwe	Recke	27.7
30	Schumacher, Nicolai	Bonn	28.2
30	Reuther, Petra	Hennef	28.2
31	Tiedtke, Peter	Dortmund	28.8
31	Pallmann, Annette	Dortmund	28.8
32	Berres, Axel	Mainz	29.2
32	Kreckel, Tobias	Darmstadt	29.2
33	Havermans, Daniel	Prümzurlay	29.6
33	Funk, Rüdiger	Ferschweiler	29.6
34	Dahl, Jens	Diespeck	31.1
34	Dahl, Yannic	Diespeck	31.1
35	Friedrich, Roger	Wuppertal	32.9
35	Proll, Ina	Frechen	32.9
36	Braun, Hubert	Aachen	33.7
36	Schwan, Rolf	Aachen	33.7
37	Adam, Andrea	Kaiserslautern	35.9
37	Rünger, Marcel	Kaiserslautern	35.9
38	Förster, David	Estorf	36.1
38	Steffens, Ulf	Alfstedt	36.1
39	Zanetti, Nick	Kempen	37.4
39	Zanetti, André	Grefrath	37.4
40	Restle, Uli	Rottenburg	41.3
40	Restle, Alena	Tübingen	41.3
41	Hörstmann, Simon	Troisdorf	41.4
41	Falderbaum, Frank	Swisttal	41.4
42	Kuhl, Thomas	Prüm	43.2
42	Wagner, Frank	Kyllburg	43.2
43	Esser, Manuel	Titz	44.1
43	Coenen, Nils	Titz	44.1
44	Nüsser, Dieter	Bergheim	45.0
44	Schmitz, Heiko	Bonn	45.0
45	Mars, Stephan	Wunstorf	50.0
45	Hoins, Ralph	Wunstorf	50.0
46	Lorei, Tom	Bocholt	50.3
46	Schönwald, Steven	Bocholt	50.3
47	Caspari, Thomas	Badenhard	50.9
47	Caspari, Lars	St. Goarshausen	50.9
48	Dahlhäuser, Heinz	Neunkirchen-Seelscheid	51.3
48	Dahlhäuser, Jan	Neunkirchen-Seelscheid	51.3
49	Nohles, Raphael	Wimbach	56.2
49	Nohles, Sascha	Wimbach	56.2
50	Kasche, Martin	Cottbus	57.2
50	Plößl, Geena	Kolkwitz	57.2
51	Carvalho, Fabio	Flawil	57.8
51	Batista Pereira, Luka	Waldstatt	57.8

Platz	Name	Ort	Punkte
52	Radermacher, Patrick	Bonn	61.0
52	Maru, Serkan	Rheinbreitbach	61.0
53	Vogt, Ingo	Titz	61.8
53	Strehl, Pascal	Kerpen	61.8
54	Sommershof, Patrick	Bonn	67.5
54	Flöter, Nico	Elsteraue	67.5
55	Salffner, Florian	München	68.6
55	Hronec, Radovan	München	68.6
56	Best, Julian	Gau-Algesheim	78.1
56	Ertel, Christopher	Schwabenheim	78.1
57	Erbe, Bianka	Lampertheim-Rosengarten	78.5
57	Droste-Erbe, Ernst	Lampertheim	78.5
58	Herget, Roland	Freudenberg	82.5
58	Simon, Zara	Freudenberg	82.5
59	Neske, Alexander	Ditzingen	82.8
59	Hoffmann, Nick	Herxheim	82.8
60	Willmann, Karl-Heinz	Köln	91.1
60	Willmann, Till	Köln	91.1
61	Porath, Michael	Meckenheim	91.2
61	Porath, Tobias	Meckenheim	91.2
62	Grassmann, Christian sen.	Obertraubling	94.5
62	Grassmann, Christian jun.	Obertraubling	94.5
63	Peckel, Michael	Issum	104.0
63	Klingel, Herbert	Oberhausen	104.0
64	Kreisel, Markus	Münster	106.4
64	Kreisel, Nina	Münster	106.4
65	Timme, Jan	Herzberg	110.1
65	Wittfoth, Sven	Herzberg	110.1
66	Lodde, Michael	Münster	123.5
66	Reher, Ralf	Münster	123.5
67	Niemann, Dieter	Bocholt	123.8
67	Pooth, Lars	Bocholt	123.8
68	Sauer, Michael	Stolberg	128.9
68	Sauer, Wolfgang	Stolberg	128.9
69	Datzer, Matthias	Rot am See	129.7
69	Datzer, Jürgen	Rot am See	129.7
70	Klöckner, Siegurd	Köln	133.5
70	Enumah, Eric	Köln	133.5
71	Brodmerkel, Stephan	Waldesch	158.2
71	Geisler, Florian	Mayen	158.2
72	Hassert, Tim	Mechernich	160.8
72	Ismar, Gina	Euskirchen	160.8
73	Andresen, Malin	Overath	167.1
73	Hasdorf, Andreas	Köln	167.1
74	Sartoris, Thomas	Daun	182.4
74	Junk, Marcel	Monheim am Rhein	182.4
75	Scheffel, Thomas	Siershahn	201.4
75	Scheffel, Tim	Siershahn	201.4
76	Schwenzer, Niklas	Weilmünster	216.5
76	Baum, Dennis	Weilmünster	216.5
77	Paslick, Daniel	Neuenkirchen	290.8
77	Jürgens, Christian	Neuenkirchen	290.8

Platz	Name	Ort	Punkte
78	Böhmer-Wöll, Alexandra	Bendorf	299.7
78	Wöll, Thomas	Bendorf	299.7
79	Brauer, Daniel	Moers	368.1
79	Brauer, Uwe	Moers	368.1
80	Striebich, Michael	Bonn	374.0
80	Striebich, Lukas	Hofheim	374.0
81	Bode, Uwe	Herscheid	398.4
81	Wilhelms, Lea Arabella	Freilingen	398.4
82	Höing, Luis	Hamminkeln	505.9
82	Höing, Michael	Hamminkeln	505.9
83	Schlüter, Winfried	Horstmar	556.5
83	Schneider, Rainer	Dortmund	556.5
84	Seggewiss, Maik	Bocholt	623.2
84	Stehli, Christian	Wittenbach/Schweiz	623.2
85	Fos, Kevin	Burscheid	785.4
85	Fos, Daniel	Bergisch Gladbach	785.4
86	Nehring, Oliver	Koblenz	1181.6
86	Schug, Alexander	Koblenz	1181.6
87	Frings-Watterott, Stefan	Bonn	1300.4
87	Frings-Watterott, Max	Wesseling	1300.4
88	Elling, Tobias	Kranichfeld	3058.0
88	Laarmann, Frederik	Bottrop	3058.0

Mannschaftswertung (3 Teams)

1 **MSC Wahlscheid r.V.** **26,61**
Göbbels / Göbbels
Derscheid / Derscheid
Scholl / Röhrig
Dahlhäuser / Dahlhäuser

2 **Team „Null Runde"** **19,23**
Ezaru / Ezaru sen.
Dedekind / Meier
Schlüter / Schneider
Großelanghorst / Bollweg

3 **Scuderia Augustusburg Brühl** **14,17**
Fassbender / Klein
Herget / Simon
Striebich / Striebich
Zimmermann / Bathen

TOP20 Rookiewertung (31 Starter)

Platz	Name	Ort	Punkte
1	Lux, Andreas	Langenberg	7,6
1	Lux, Markus	Soest	7,6
2	Zimmer, Stefan	Blieskastel	16,3
2	Zimmer, Simon	Blieskastel	16,3
3	Havermans, Daniel	Prümzurlay	29,6
3	Funk, Rüdiger	Ferschweiler	29,6
4	Förster, David	Estorf	36,1
4	Steffens, Ulfl	Alfstedt	36,1
5	Lorei, Tom	Bocholt	50,3
5	Schönwald, Steven	Bocholt	50,3
6	Kasche, Martin	Cottbus	57,2
6	Pößl, Geena	Kolkwitz	57,2
7	Radermacher, Patrick	Bonn	61,0
7	Maru Serkan	Rheinbreitbach	61,0
8	Vogt, Ingo	Titz	61,8
8	Strehl, Pascal	Kerpen	61,8
9	Neske, Alexander	Ditzingen	82,8
9	Hoffmann, Nick	Herxheim	82,8
10	Porath, Michael	Meckenheim	91,2
10	Porath, Tobias	Meckenheim	91,2
11	Timme, Jan	Harzberg	110,1
11	Wittfoth, Sven	Harzberg	110,1
12	Niemann, Dieter	Bocholt	123,8
12	Poth, Lars	Bocholt	123,8
13	Brodmerkel, Stephan	Waldesch	158,2
13	Geisler, Florian	Mayen	158,2
14	Hassert, Tim	Mechernich	160,8
14	Ismar, Gina	Euskirchen	160,8
15	Andresen, Malin	Overath	167,1
15	Hasdorf, Andreas	Köln	167,1
16	Sartoris, Thomas	Daun	182,4
16	Junk, Marcel	Monheim	182,4
17	Scheffel, Thomas	Siershahn	201,4
17	Scheffel, Tim	Siershahn	201,4
18	Schwenzer, Niklas	Weilmünster	216,3
18	Baum, Dennis	Weilmünster	216,3
19	Brauer, Daniel	Moers	368,1
19	Brauer, Uwe	Moers	368,1
20	Bode, Uwe	Herscheid	398,4
20	Wilhelms, Lea Arabella	Freilingen	398,4

RCN GLP:
Genial einfach, einfach genial!

Bezahlbarer Motorsport auf der Nürburgring Nordschleife

rcn-glp.de

2. GLP-Lauf „Schloss Augustusburg" (25.05.2024)

Dedekind/Meier neu in der Siegerliste

Beim zweiten Saisonlauf, der GLP „Schloss Augustusburg Brühl" zeigten die Teilnehmer wieder Breitensport vom Feinsten. Herrschte am Vortag noch typisches regnerisches Eifelwetter rund um die Nürburg, so konnte sich am Veranstaltungstag niemand mehr beklagen. Eine trockene Strecke und Temperaturen um die 20 Grad sorgten für optimale Bedingungen. Trotzdem mussten die Teilnehmer noch mehr als 20 Minuten am Vorstart warten, bevor die Strecke freigegeben wurde und Fahrtleiter Jürgen Seidel die 112 Teilnehmer auf die Strecke schicken konnte.

Und wieder sah man einige neue Gesichter am Start der GLP. Niklas und Michael Drötboom aus Rommerskirchen zum Beispiel, hatten auf dem RCN-GLP-Stand während der Essen Motor Show 2023 erste Kontakte zu der Breitensportserie und sich ausgiebig informiert. Nun standen sie erstmals mit ihrem babyblauen Hyundai I20N bei einer GLP auf der Nürburgring Nordschleife am Start.

Nicht unbedingt ein Newcomer auf der Nordschleife war die langjährige RCN-Fahrersprecherin Andrea Heim, die zusammen mit ihrem Sohn Alexander (beide Gronau) für den AC Oberhausen im ADAC startete. Für Alexander, bisher schon bei der Fahrerlageraufsicht und als Sportwart an der Strecke aktiv, war es aber der erste Einsatz mit seinem Renault Clio als Fahrer und dementsprechend war er dankbar, dass „Mama Andrea" ihm mit Rat und Tat zur Seite stand.

Im Ziel waren Niklas und Michael Drötboom überglücklich. Sie hatten den Hyundai sicher ins Ziel gebracht. Nach ihren ersten 12 GLP-Runden hatten sie zwar 195,1 Punkte (41,1/107,1/11,9/0,3/25,8/8,9) auf dem Kerbholz, das Ergebnis aus der vierten Runde zeigt aber deutlich, dass sie das Prinzip der GLP verstanden haben. Im Ziel belegten sie P19 bei den Rookies und P 72 im Gesamtklassement: „Es hat uns sehr viel Spaß gemacht. Wir kommen auf jeden Fall wieder!"

Besser platzierten sich Andrea und Alexander Heim. 96,5 Fehlerpunkte reichten noch für den 14. Platz bei den Rookies und den 61. Platz in der Gesamtwertung. Aller Anfang ist schwer und auch hier stand der Spaß im Vordergrund.

Patrick Gierlich hatte am Nissan Sunny GTI neue Bremsen und neue Reifen montiert. Dazu noch ein Ersatzbeifahrer (Maximilian Thieme), weil sein Stammbeifahrer kurzfristig erkrankt war – das ergab eine Gleichung mit drei Unbekannten. Die beiden Rheinbacher machten das Beste daraus und landeten im Ziel mit Ihrem rot-weißen Nissan und 44,3 Punkten (6,6/20,7/5,9/3,9/1,7/4,8) auf P48. Da geht noch was.

Mit exakt 10,0 Fehlerpunkten (1,0/1,2/1,3/1,2/1,3/4,0) erreichten Thomas und Klaus Vosen (beide Nümbrecht) den 10 Platz. Damit sammelten sie im Golf II wieder wichtige Punkte für den MSC Wahlscheid im ADAC in der Mannschaftswertung.

Immer für einen Platz in den Top Ten gut sind Winfried und Karin Schlüter. Diesmal reichten 7,5 Fehlerpunkte (1,4/1,0/1,9/0,4/2,5/0,3) dem sympathi-

ADAC
GC
RCN Green Challenge für E-Cars
GLP
RCN Gleichmäßigkeitsprüfung
RCN
Rundstrecken-Challenge Nürburgring e.V.
KÜS
RIEDEL
nürburgring

101
GT LX 30

schen Paar aus Horstmar im Mini JCW für P9. Als zweitbeste Rookies in den Top Ten belegten Stefan und Simon Zimmer aus Blieskastel im BMW 318ti mit 6,9 Punkten (1,4/0,5/0,7/0,6/1,1/2,6) den achten Platz.

Den siebten Platz mit zwei Nullrunden schenkte Rolf Derscheid seiner Andrea zum 40. Hochzeitstag (Oder war es umgekehrt?), den das Paar aus Much an diesem Tage feiern konnte. Im Ziel wurde der Opel Corsa A mit 6.0 Punkten (0,0/1,6/0,0/2,0/2,0/0,4) gewertet, was weitere Punkte auf dem Konto des MSC Wahlscheid brachte.

Auf P6 wieder ein Rookieteam. Erneut ein starker Auftritt von Andreas und Markus Lux (Langenberg/Soest) im schwarzen Mini Cooper mit der Startnummer 101.

Auch René und Tina Göbbels (Eschweiler) im VW Golf I GTI starteten unter der Bewerberlizenz des MSC Wahlscheid im ADAC. Sie wurden von der Zeitnahme mit 5,2 Punkten (1,3/1,0/1,1/1,4/0,3/0,1) auf dem 5. Platz gewertet.

Den vierten Platz sicherten sich die Sieger der ersten GLP in diesem Jahr, Steven und Jennifer Ostrowski (Essen): „Wir haben ein anstrengendes Wochenende hinter uns, aber mit einem 3. und einem 6. Platz bei den Nürburgring Classic Truckmasters und nun dem 4. Platz bei der RCN GLP sind wir mehr als zufrieden." Während sie bei den Classic Läufen mit ihrem Mercedes Benz 190 starteten, kam bei der RCN GLP der Mercedes AMG A45 zum Einsatz. Ein kleiner Patzer in der letzten Bestätigungsrunde sorgte für insgesamt 4,7 Fehlerpunkte (0,7/0,9/0,7/0,7/0,3/1,4).

Nach ihrem ärgerlichen Ausfall beim ersten GLP Lauf dieses Jahres meldeten sich Falk und Monika Mellentin (Mönchengladbach) mit ihrem BMW 318ti wieder erfolgreich zurück. Das für den DAMC 05 im ADAC startende Paar war im letzten Jahr GLP-Vizemeister und sammelte bei seiner ersten Zielankunft dieser Saison mit dem 4,4 Punkte (0,8/1,1/0,9/0,3/0,1/1,2) – dritter Platz.

Nichts Neues auf P2. Bei der ersten GLP der Saison belegten Harald Ezaru und Harald Ezaru sen. mit 3,9 Punkten den zweiten Platz. Und auch beim aktuellen Lauf schaffte das Vater-Sohn-Team aus Bad Wildbad die gleiche Platzierung diesmal mit 3,7 Zählern (0,4/1,0/1,3/0,6/0,2/0,2). Fazit: Vater und Sohn Ezaru sammeln mit ihrem BMW 330ci fleißig Punkte für die Jahreswertung!

Der Gesamtsieg der GLP „Schloss Augustusburg Brühl" aber ging an Michael Dedekind und Sandra Meier aus Landshut: „Wir hatten uns für 2024 das

Ziel gesetzt, mal einen Podestplatz zu erreichen. Aber mit einem Sieg haben wir wirklich nicht gerechnet." Zwei Nullrunden und insgesamt 2,1 Punkte (0,0/0,4/0,5/0,8/0,0/0,49) waren der Garant für den ersten Platz im liebevoll aufgebauten BMW M3 GTR. Überglücklich erklärten Michael Dedekind und Sandra Meier den Erfolg vor der Siegerehrung: „Die Rookies haben auf der Strecke fair mitgespielt und am Ende hat alles gepasst."

Die Rookiewertung war mit 37 Teilnehmern wieder sehr stark besetzt. Der Sieg in der Sonderwertung ging erneut an Andreas und Markus Lux. Nachdem das Mini Team beim ersten Lauf die Rookies mit 7,6 Fehlerpunkten dominierte und in der Gesamtwertung den 9. Platz erreichte, verbesserte es sich diesmal auf 5,8 Zähler und belegte in der Tageswertung Rang 6. Den zweiten Platz in der Rookiewertung belegten, wie schon im ersten Lauf, wieder Stefan und Simon Zimmer im BMW 318 ti. Auch sie konnten sich von 15,6 auf 6,9 Fehlerpunkte verbessern.

Das Team „Null Runde" in der Fahrerbesetzung Dedekind/Meier, Ezaru/Ezaru und Schlüter/Schlüter gewann mit 28,93 Punkten die Mannschaftswertung vor dem Team des MSC Wahlscheid im ADAC mit den Fahrern Göbbels/Göbbels, Derscheid/Derscheid, Vosen/Vosen und Scholl/Scholl mit 28,04 Punkten.

„Es war wieder eine schöne Veranstaltung", lautete das abschließende Fazit von Fahrtleiter Jürgen Seidel. „Top-Wetter, unfallfrei und sehr spannend. Große Klasse, dass wir wieder einmal neue Sieger ehren konnten. Die Starterzahl war auch deutlich höher als bei der GLP 1. Hier haben wir aber noch Luft nach oben. Insgesamt steigt das Niveau, was man auch an 8 perfekten Runden von 5 Teams sehen kann. Vielen Dank an alle, die zum Gelingen der GLP Schloss Augustusburg Brühl beigetragen haben."

... aus dem Cockpit:
Christian Stehli und Stefan Biermann

Nach über 11 Jahren, 1 Monat und 19 Tagen war es endlich soweit - ich hatte für meinen Clio den DMSB-Wagenpass der Gruppe H. Zusammen mit Stefan Biermann als Beifahrer und Ansager bestritt ich meinen ersten GLP-Lauf auf meinem eigenen Clio auf der Nordschleife des Nürburgrings, bei bedecktem aber trockenem Wetter. Nach 40min Wartezeit, aufgrund einer Partnerveranstaltung (Classics Racing), starten wir zum ersten Stint in der „Grünen Hölle".

Dass der Spaß an erster Stelle stand war selbstverständlich und wir sahen es mehr als Roll-out anstatt eines Rennlaufes an. Unser erstes Stint verlief ohne große Probleme nur Kleinigkeiten verzeichneten wir als Verbesserung.

Das wir von einem vorbeirollenden Rad, dass ein Teilnehmer im Hatzenbach bei einem Unfall verloren hatte, nicht getroffen wurden, war wohl das Aufregendste am 2. Stint.

Insgesamt erreichten wir einen respektvollen 52. Platz von 112 Teilnehmen-
den. Unterm Strich können wir jedoch sagen, dass es einen Riesenspaßge-
macht hat und eine Fortsetzung nicht ausgeschlossen ist.

An dieser Stelle auch einmal vielen herzlichen Dank an unsere Familien und
an Fabio Carvalho, ohne die dies alles nicht möglich gewesen wäre. Lieben
Dank auch an Holger Hüttig und Tatjana Schmidt für die coolen Fotos.

Aber auch Euch vielen Dank, alles Gute und bis zum kommenden GLP-Lauf.

342
MO VE 111
ADAC
ADAC
Hankook
ADAC
ADAC

317
GLP TEAM RST NRW
317
KÜS
317
PINOCCHIO
Family Pizzeria Adenau
SU RS 611

GLP
YOUNGTIMER

TOP 95 Gesamtwertung (112 Starter)

Platz	Name	Ort	Punkte
1	Dedekind, Michael	Landshut	2.1
1	Meier, Sandra	Landshut	2.1
2	Ezaru, Harald	Bad Wildbad	3.7
2	Ezaru, Harald (Senior)	Bad Wildbad	3.7
3	Mellentin, Falk	Mönchengladbach	4.4
3	Mellentin, Monika	Mönchengladbach	4.4
4	Ostrowski, Steven	Essen	4.7
4	Ostrowski, Jennifer	Essen	4.7
5	Göbbels, René	Eschweiler	5.2
5	Göbbels, Tina	Eschweiler	5.2
6	Lux, Andreas	Langenberg	5.8
6	Lux, Markus	Soest	5.8
7	Derscheid, Andrea	Much	6.0
7	Derscheid, Rolf	Much	6.0
8	Zimmer, Stefan	Blieskastel	6.9
8	Zimmer, Simon	Blieskastel	6.9
9	Schlüter, Winfried	Horstmar	7.5
9	Schlüter, Karin	Horstmar	7.5
10	Vosen, Thomas	Nümbrecht	10.0
10	Vosen, Klaus	Nümbrecht	10.0
11	Kasche, Martin	Cottbus	10.1
11	Plößl, Geena	Kolkwitz	10.1
12	Spiller, Markus	Heusweiler	11.4
12	Spiller, Michael	Heusweiler	11.4
13	Goroll, Paul	Waltenhofen	11.5
13	Schlagenhaufen, Christoph	Krumbach	11.5
14	Syben, Franz-Josef	Linnich	12.5
14	Krütt, Markus	Neuss	12.5
15	Gödderz, Sebastian	Winkelhaid	12.9
15	Suitter, Jessica	Winkelhaid	12.9
16	Petzold, Ralph	Wallerfangen	13.6
16	Kühn, Justine	Tholey	13.6
17	Steinbrück-Weiß, Jutta	Usingen/Ts.	15.4
17	Georgi, Robert	Friedberg/Hessen	15.4
18	Will, Detlef	Wangerland	16.0
18	Anhuth, Daniel	Sundern	16.0
19	Lehmann, Marc	Jülich	16.4
19	Lehmann, Kerstin	Jülich	16.4
20	Markl, Michael	Mühlheim	16.6
20	Markl, Madeline	Rottweil	16.6
21	Marnet, Lion	Glashütten	17.7
21	Marnet, Klaus	Garmisch-Partenkirchen	17.7
22	Carvalho, Fabio	Flawil	18.8
22	Batista Pereira, Luka	Waldstatt	18.8
23	Rombach, Markus	Jülich	19.9
23	Heggen, Ralf	Jüchen - Waat	19.9
24	Dahl, Jens	Diespeck	20.3
24	Dahl, Yannic	Diespeck	20.3
25	Adam, Andrea	Kaiserslautern	20.5
25	Rünger, Marcel	Kaiserslautern	20.5

Platz	Name	Ort	Punkte
26	Thole, Martin	Ibbenbüren	20.8
26	Thole-Peters, Kerstin	Ibbenbüren	20.8
27	Scholl, Guido	Köln	23.2
27	Scholl, Alexander	Hannover	23.2
28	Kaster, Karl-Alois	Nettersheim	25.1
28	Hansen, Markus	Nettersheim	25.1
29	Paslick, Stefan	Wettringen	27.5
29	Paslick, Daniel	Neuenkirchen	27.5
30	Neske, Alexander	Ditzingen	27.8
30	Hoffmann, Nick	Herxheim	27.8
31	Hassert, Tim	Mechernich	29.5
31	Ismar, Gina	Euskirchen	29.5
32	Richling, Mathias	Wimbach	29.6
32	von Scheid, Patrick	Pomster	29.6
33	Notzon, Andreas	Morscheid	30.4
33	Lachotta, Christian	Trierweiler	30.4
34	Chalee, Prasopchai	Moers	30.5
34	Müller, Carsten	Eschweiler	30.5
35	Friedrich, Roger	Wuppertal	32.7
35	Proll, Ina	Frechen	32.7
36	Kuhl, Thomas	Prüm	32.9
36	Flegel, Ralph	Bitburg	32.9
37	Restle, Uli	Rottenburg	33.0
37	Restle, Alena	Tübingen	33.0
38	Hörstmann, Simon	Troisdorf	33.6
38	Falderbaum, Frank	Swisttal	33.6
39	Brodmerkel, Stephan	Waldesch	33.6
39	Geisler, Florian	Mayen	33.6
40	Nowara, Stefan	Troisdorf	34.1
40	Nowara, Marion	Troisdorf	34.1
41	Best, Julian	Gau-Algesheim	34.8
41	Ertel, Christopher	Schwabenheim	34.8
42	Herget, Roland	Freudenberg	36.0
42	Simon, Zara	Freudenberg	36.0
43	Radermacher, Patrick	Bonn	36.6
43	Maru, Serkan	Rheinbreitbach	36.6
44	Berres, Axel	Mainz	39.0
44	Kreckel, Peter	Hofheim	39.0
45	Doerfert, Carsten	Bonn	42.0
45	Hostert, Markus	Rech	42.0
46	Nohles, Raphael	Wimbach	42.8
46	Nohles, Sascha	Wimbach	42.8
47	Wenzel, Jörg	Langenfeld	42.9
47	Knipp, Uwe	Essen	42.9
48	Gierlich, Patrick	Rheinbach	43.6
48	Thieme, Maximilian	Rheinbach	43.6
49	Salffner, Florian	München	44.3
49	Kreuch, Johannes	Haimhausen	44.3
50	Datzer, Matthias	Rot am See	46.0
50	Datzer, Jürgen	Rot am See	46.0
51	Schneider, Heinrich	Theres	50.8
51	Schneider, Dr. Dr., Michael	Bad Honnef	50.8

Platz	Name	Ort	Punkte
52	Stehli, Christian	Wittenbach/Schweiz	55.9
52	Biermann, Stefan	Schmitten	55.9
53	Fassbender, Wilfried	Hürth	57.7
53	Klein, Rolf	Erftstadt	57.7
54	Schumacher, Nicolai	Bonn	60.7
54	Reuther, Petra	Hennef	60.7
55	Paslick, Christian	Wettringen	61.7
55	Paslick, Jennifer	Wettringen	61.7
56	Peckel, Michael	Issum	65.3
56	Klingel, Herbert	Oberhausen	65.3
57	Rodig, Stefan	Rellingen	67.7
57	Rodig, Andrea	Rellingen	67.7
58	Sartoris, Thomas	Daun	73.0
58	Junk, Marcel	Monheim am Rhein	73.0
59	Lang, Alexander	München	86.0
59	Lazotta, Nicole	Rheine	86.0
60	Körbel, Ulrich	Borken	92.8
60	Körbel, Felix	Borken	92.8
61	Heim, Alexander	Gronau	96.5
61	Heim, Andrea	Gronau	96.5
62	Weber, Gilbert	Köln	111.5
62	Schuchardt, Tino	Köln	111.5
63	Schwenk, Lukas	Volxheim	115.6
63	Servos, Noah	Kerpen	115.6
64	Kreisel, Markus	Münster	133.4
64	Kreisel, Nina	Münster	133.4
65	Hein, Christian	Stuttgart	135.3
65	Kühn, Victor	Aspach	135.3
66	Höing, Luis	Hamminkeln	136.4
66	Höing, Michael	Hamminkeln	136.4
67	Braun, Hubert	Aachen	136.4
67	Braun, Christina	Aachen	136.4
68	Erbe, Bianka	Lampertheim-R-garten	149.3
68	Droste-Erbe, Ernst	Lampertheim	149.3
69	Grassmann, Christian sen.	Obertraubling	174.0
69	Unterhauser, Thomas	Vilsbiburg	174.0
70	Vogeltanz, Martina	Weinstadt	185.8
70	Vogeltanz, Michael	Weinstadt	185.8
71	Niemann, Dieter	Bocholt	189.6
71	Pols, Ludwig	Hamminkeln	189.6
72	Drötboom, Niklas	Rommerskirchen	195.1
72	Drötboom, Michael	Rommerskirchen	195.1
73	Fiederer, Oliver	Hörgertshausen	232.0
73	Heinz, Eduard	Landshut	232.0
74	Sembritzki, Sven	Bocholt	244.2
74	Sembritzki, Christopher	Bocholt	244.2
75	Schmid, Finn	Döttesfeld	244.2
75	Bourscheidt, Jennifer	Wissen	244.2
76	Kalenborn, Torsten	Straßfeld	254.4
76	Erdogmus, Ibrahim	Alfter	254.4
77	Striebich, Michael	Bonn	267.0
77	Striebich, Lukas	Hofheim	267.0

Platz	Name	Ort	Punkte
78	Sapp, Jennifer	Reichshof	278.2
78	Pfeiffer, Christoph	Dauphtetal	278.2
79	Klöckner, Siegurd	Köln	279.3
79	Ladwig, Sandra	Lüdenscheid	279.3
80	Willmann, Karl-Heinz	Köln	287.1
80	Willmann, Till	Köln	287.1
81	Pieper, Markus	Schwelm	320.4
81	Grün, Ann-Kathrin	Ennepetal	320.4
82	Rinsch, Thomas	Hürth	321.6
82	Vignesan, Vanathi	Straelen	321.6
83	Scheffel, Thomas	Siershahn	350.7
83	Scheffel, Tim	Siershahn	350.7
84	Lodde, Michael	Münster	352.5
84	Schumacher, Cristian	Dierdorf Wienau	352.5
85	Schlingmann, Peter	Celle	399.7
85	Claeßen, Manuel	Engelskirchen-Schellenb.	399.7
86	Jäkel, Wolfgang	Bad Zwischenahn	429.6
86	Römer, Ralf Volker	Bottrop	429.6
87	Neier, Andreas	Düsseldorf	506.5
87	Schüppenhauer, Janine	Dormagen	506.5
88	Böhmer-Wöll, Alexandra	Bendorf	618.6
88	Wöll, Thomas	Bendorf	618.6
89	Nüsser, Dieter	Bergheim	1025.9
89	Nüsser-Schmitz, Dorothee	Bonn	1025.9
90	Hormes, Klaus	Mönchengladbach	1531.9
90	Schmidt, Wolfgang	Beckingen	1531.9
91	Schwenzer, Niklas	Weilmünster	2112.6
91	Schwenzer, Thomas	Weilmünster	2112.6
92	Rahn, Guido	Ingelbach	2980.5
92	Jung, Markus	Horhausen - Vww	2980.5
93	Weiland, Ralf	Schwetzingen	3242.1
93	Müller, Carmen	Gernsheim	3242.1
94	Becker, Tobias	Fürth	3383.3
94	Schneider, Jan	Mannheim	3383.3
95	Bode, Uwe	Herscheid	5139.8
95	Wilhelms, Lea Arabella	Freilingen	5139.8

TOP 30 Rookiewertung (37 Starter)

Platz	Name	Ort	Punkte
1	Lux, Andreas	Langenberg	5.8
1	Lux, Markus	Soest	5.8
2	Zimmer, Stefan	Blieskastel	6.9
2	Zimmer, Simon	Blieskastel	6.9
3	Kasche, Martin	Cottbus	10.1
3	Plößl, Geena	Kolkwitz	10.1
4	Syben, Franz-Josef	Linnich	12.5
4	Krütt, Markus	Neuss	12.5
5	Neske, Alexander	Ditzingen	27.8
5	Hoffmann, Nick	Herxheim	27.8
6	Hassert, Tim	Mechernich	29.5
6	Ismar, Gina	Euskirchen	29.5
7	Chalee, Prasopchai	Moers	30.5
7	Müller, Carsten	Eschweiler	30.5
8	Brodmerkel, Stephan	Waldesch	33.6
8	Geisler, Florian	Mayen	33.6
9	Radermacher, Patrick	Bonn	36.6
9	Maru, Serkan	Rheinbreitbach	36.6
10	Salffner, Florian	München	44.3
10	Kreuch, Johannes	Haimhausen	44.3
11	Rodig, Stefan	Rellingen	67.7
11	Rodig, Andrea	Rellingen	67.7
12	Sartoris, Thomas	Daun	73.0
12	Junk, Marcel	Monheim am Rhein	73.0
13	Lang, Alexander	München	86.0
13	Lazotta, Nicole	Rheine	86.0
14	Heim, Alexander	Gronau	96.5
14	Heim, Andrea	Gronau	96.5
15	Hein, Christian	Stuttgart	135.3
15	Kühn, Victor	Aspach	135.3
16	Höing, Luis	Hamminkeln	136.4
16	Höing, Michael	Hamminkeln	136.4
17	Vogeltanz, Martina	Weinstadt	185.8
17	Vogeltanz, Michael	Weinstadt	185.8
18	Niemann, Dieter	Bocholt	189.6
18	Pols, Ludwig	Hamminkeln	189.6
19	Drötboom, Niklas	Rommerskirchen	195.1
19	Drötboom, Michael	Rommerskirchen	195.1
20	Fiederer, Oliver	Hörgertshausen	232.0
20	Heinz, Eduard	Landshut	232.0
21	Sembritzki, Sven	Bocholt	244.2
21	Sembritzki, Christopher	Bocholt	244.2
22	Schmid, Finn	Döttesfeld	244.2
22	Bourscheidt, Jennifer	Wissen	244.2

Platz	Name	Ort	Punkte
23	Kalenborn, Torsten	Straßfeld	254.4
23	Erdogmus, Ibrahim	Alfter	254.4
24	Pieper, Markus	Schwelm	320.4
24	Grün, Ann-Kathrin	Ennepetal	320.4
25	Rinsch, Thomas	Hürth	321.6
25	Vignesan, Vanathi	Straelen	321.6
26	Scheffel, Thomas	Siershahn	350.7
26	Scheffel, Tim	Siershahn	350.7
27	Schwenzer, Niklas	Weilmünster	2112.6
27	Schwenzer, Thomas	Weilmünster	2112.6
28	Rahn, Guido	Ingelbach	2980.5
28	Jung, Markus	Horhausen- Westerwald	2980.5
29	Becker, Tobias	Fürth	3383.3
29	Schneider, Jan	Mannheim	3383.3
30	Bode, Uwe	Herscheid	5139.8
30	Wilhelms, Lea Arabella	Freilingen	5139.8

Mannschaftswertung (5 Teams)

1 **Team „Null Runde"** 28,93
Dedekind / Meier
Ezaru / Ezaru
Schlüter / Schlüter

2 **MSC Wahlscheid im ADAC** 28,04
Göbbels / Göbbels
Derscheid / Derscheid
Vosen / Vosen
Scholl / Scholl

3 **Die „Ü30er"** 23,83
Ostrowski /Ostrowski
Will / Anhuth
Wenzel / Knipp

4 **Scuderia Augustusburg Brühl** 14,65
Harget / Simon
Fassbender / Klein
Striebich / Striebich

5 **AC Oberhausen** 13,30
Peckel / Klingel
Heim / Heim
Vogeltanz / Vogeltanz

GLP Top 25 Jahreswertung nach dem 2. Lauf

Platz	Name	1.Lf	2.Lf	3.Lf	4.Lf	5.Lf	6.Lf	JW
1	Ezaru, Harald - Pforzheim	9,81	9,82					19,63
1	Ezaru, Harald (Senior) - Pforzheim	9,81	9,82					19,63
2	Ostrowski, Steven - Essen	9,90	9,64					19,54
2	Ostrowski, Jennifer - Essen	9,90	9,64					19,54
3	Göbbels, René - Eschweiler	9,71	9,55					19,26
3	Göbbels, Tina - Eschweiler	9,71	9,55					19,26
4	Lux, Andreas - Langenberg	9,13	9,46					18,59
4	Lux, Markus - Soest	9,13	9,46					18,59
5	Goroll, Paul - Waltenhofen	9,61	8,84					18,45
5	Schlangenhaufen, Chr. - Krumbach	9,61	8,84					18,45
6	Spiller, Markus - Heusweiler	9,51	8,93					18,44
6	Spiller, Michael - Heusweiler	9,51	8,93					18,44
7	Derscheid, Andrea - Much	8,74	9,38					18,12
7	Derscheid, Rolf - Much	8,74	9,38					18,12
8	Zimmer, Stefan - Blieskastel	8,25	9,29					17,54
8	Zimmer, Stefan - Blieskastel	8,25	9,29					17,54
9	Dedekind, Michael - Landshut	7,48	9,91					17,39
9	Meier, Sandra - Landshut	7,48	9,91					17,39
10	Petzold, Ralph - Wallerfangen	8,45	8,57					17,02
11	Marnet, Lion - Glashütten	8,35	8,13					16,48
11	Marnet, Klaus - G.-Partenkirchen	8,35	8,13					16,48
12	Gödderz, Sebastian - Winkelhaid	7,77	8,66					16,43
12	Suitter, Jessica - Winkelhaid	7,77	8,66					16,43
13	Lehmann, Marc - Jülich	7,86	8,30					16,16
14	Heggen, Ralf - Jüchen - Waat	8,06	7,95					16,01
14	Rombach, Markus - Jülich	8,06	7,95					16,01
15	von Scheid, Patrick - Pomster	8,83	7,14					15,97
15	Richling, Mathias - Wimbach	8,83	7,14					15,97
16	Scholl, Guido - Köln	8,16	7,59					15,75
17	Markl, Michael - Mühlheim	7,38	8,21					15,59
17	Markl, Madeline - Rottweil	7,38	8,21					15,59
18	Nowara, Stefan - Troisdorf	9,03	6,43					15,46
18	Nowara, Marion - Troisdorf	9,03	6,43					15,46
19	Paslick, Stefan - Wettringen	7,67	7,41					15,08
20	Kaster, Karl-Alois - Nettersheim	7,28	7,50					14,78
20	Hansen, Markus - Nettersheim	7,28	7,50					14,78
21	Dahl, Jens - Diespeck	6,70	7,86					14,56
21	Dahl, Yannic - Diespeck	6,70	7,86					14,56
22	Adam, Andrea - Kaiserslautern	6,41	7,77					14,18
22	Rünger, Marcel - Kaiserslautern	6,41	7,77					14,18
23	Kasche, Martin - Cottbus	5,15	9,02					14,17
23	Plößl, Geena - Kolkwitz	5,15	9,02					14,17
24	Friedrich, Roger - Wuppertal	6,60	6,88					13,48
24	Proll, Ina - Frechen	6,60	6,88					13,48
25	Carvalho, Fabio - Flawil	5,05	8,04					13,09
25	Batista Pereira, Luka - Waldstatt	5,05	8,04					13,09

(Noch ohne Berücksichtigung der Streichresultate!)

Bezahlbarer GT- und Tourenwagen-Breitensport

Alle Infos: **r-c-n.com**

3. GLP Lauf „Venntrophy“ (29.06.2024)

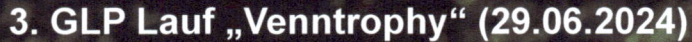

Dritter Lauf – dritte Sieger!

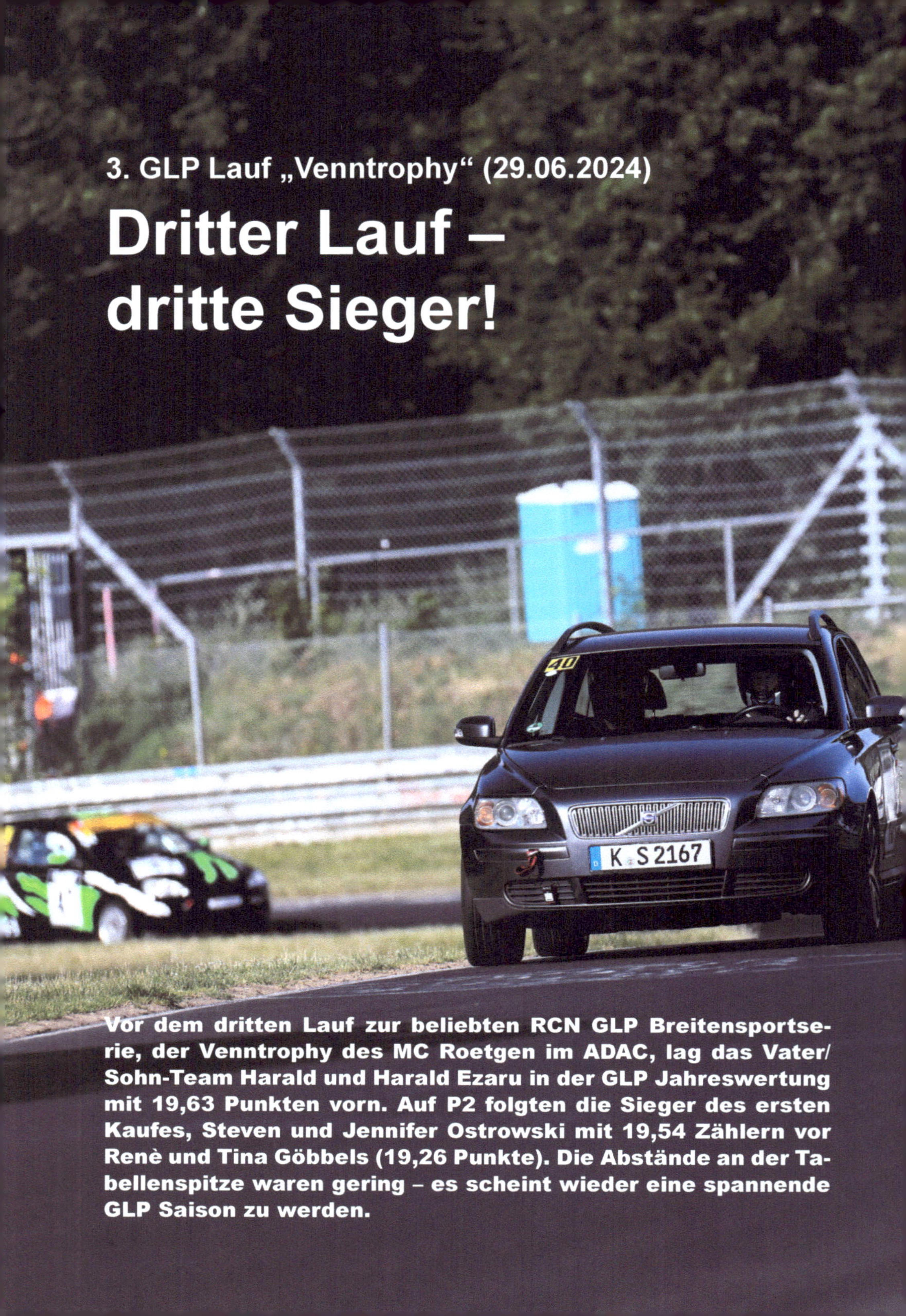

Vor dem dritten Lauf zur beliebten RCN GLP Breitensportserie, der Venntrophy des MC Roetgen im ADAC, lag das Vater/Sohn-Team Harald und Harald Ezaru in der GLP Jahreswertung mit 19,63 Punkten vorn. Auf P2 folgten die Sieger des ersten Kaufes, Steven und Jennifer Ostrowski mit 19,54 Zählern vor Renè und Tina Göbbels (19,26 Punkte). Die Abstände an der Tabellenspitze waren gering – es scheint wieder eine spannende GLP Saison zu werden.

Insgesamt 111 Teams versammelten sich am frühen Samstagmorgen an der Touristeneinfahrt der Nürburgring Nordschleife. Im Rahmen der Fahrerbesprechung wies Fahrtleiter Jürgen Seidel die Teilnehmer wieder detailliert auf die Ausgabenstellung und die Sicherheitsbestimmungen hin. Obwohl es in der Ausschreibung ausführlich erläutert wird, in der Ablauf-Info steht („Kurze Hosen und Oberbekleidung mit kurzen Ärmeln sind nicht erlaubt".) und auch bei der Fahrerbesprechung explizit erwähnt wurde, gingen zwei Teams in kurzärmeligen T-Shirts an den Vorstart. Der Fahrtleiter musste beide Teams, entsprechend dem Reglement, mit jeweils fünf Strafpunkten belegen. Damit hatten sie schon vor dem Start einen Platz in den Top Ten verwirkt.

Bei bestem Nordschleifenwetter konnte die Strecke dann pünktlich gegen 8:00 Uhr freigegeben werden. Im Sekundenabstand begaben sich die Teams auf die legendäre Nordschleife des Nürburgrings. Aber die Veranstaltung lief nicht für alle Teams problemlos. Leider kam es zu einem Alleinunfall mit erheblichem Sachschaden.

Andere Teams hatten mehr Glück. Nach zehn schweißtreibenden Runden wertete die Zeitnahme den BMW 325i von Manuel Esser und Nils Coenen aus Titz mit 4,4 Punkten (2,8/0,5/0,3/0,8) auf dem guten zehnten Platz.

Im ersten Saisonlauf auf Platz 23, beim zweiten Durchgang schon P15 und nun? Sebastian Gödderz und Jessica Suitter (Winkelhaid) setzten ihren Aufwärtsdrang fort, fuhren mit ihrem Renault Twingo 4,0 Punkte (1,9/0,3/0,3/1,5) ein und belegten damit diesmal den neunten Platz.

3,5 Fehlerpunkte (0,9/0,5/0,5/1,6) reichten Simon Quack und Henrik Abrahams (beide Mönchengladbach) im VW Polo für P8. Nur 0,1 Fehlerpunkte besser, also mit 3,4 Zählern (1,1/1,4/0,60,3), landeten Steven und Jennifer Ostrowski (Essen), für den MSC Adenau startend, mit ihrem Mercedes AMG A45 auf dem siebten Platz.

Glück im Unglück hatten Patrick Gierlich (Rheinbach) und Ralf Schreiber (Schleiden). Als Unglück könnte man den Auspuffhalter bezeichnen, der sich am Nissan Sunny GTI gelöst hatte. Glück dagegen war es sicherlich, dass dies in der In-Lap vor dem Tanken passierte und Patrick den Wagen mit rappelndem Auspuff noch sicher in die Boxengasse pilotieren konnte. Hier war der Schaden schnell behoben und die Fahrt konnte weitergehen. Die Reparatur hielt bis ins Ziel und mit insgesamt 3,3 Punkten (0,1/1,4/0,8/1,0) belegten Gierlich/Schreiber den guten 6. Platz.

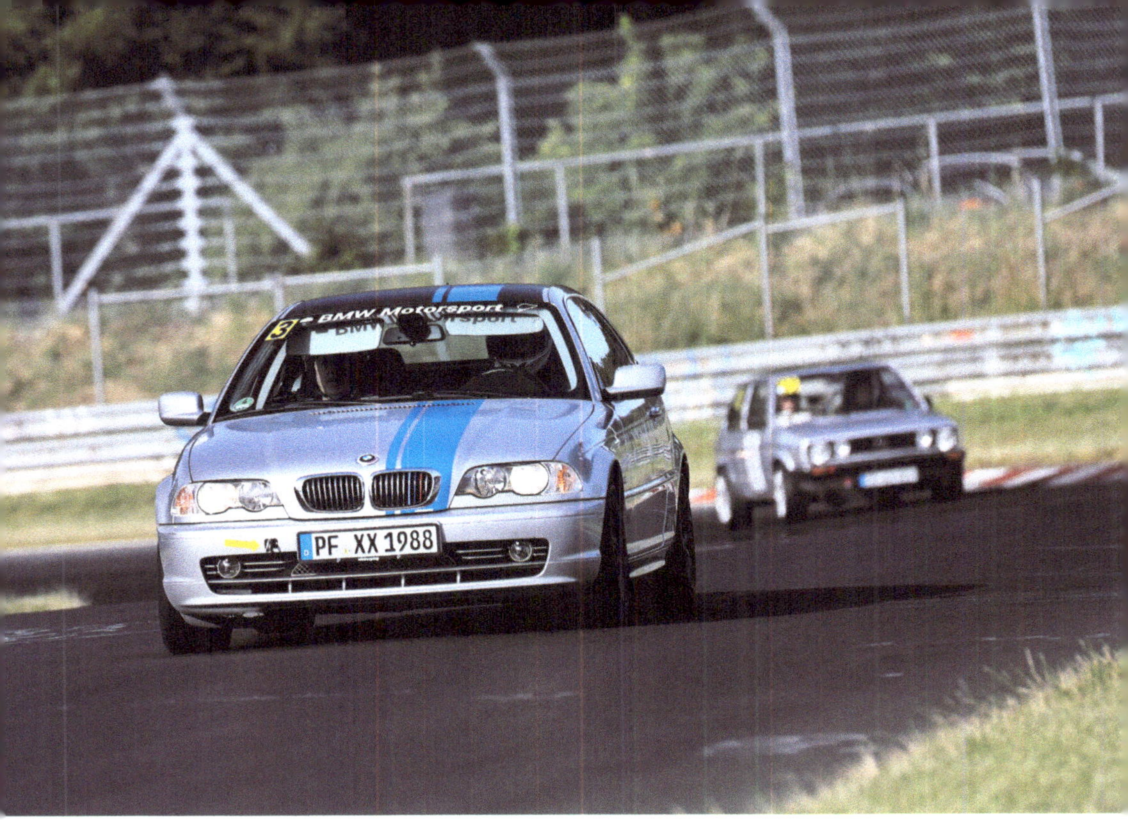
3
BMW Motorsport
PF XX 1988

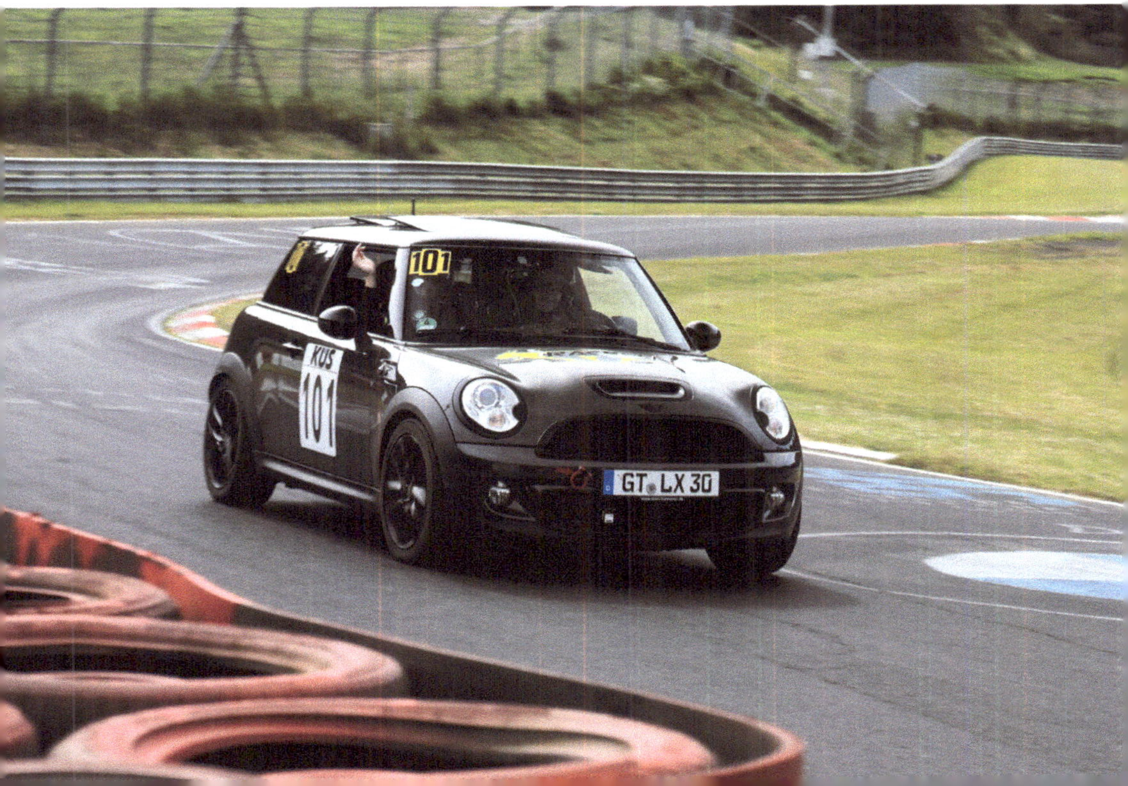
101
KUS
101
GT LX 30

Eine Besonderheit dann auf den Plätzen 5 bis 2. Alle vier Teams hatten im Ziel exakt die gleiche Punktzahl erreicht. Hier kam der Artikel 17 der Ausschreibung zum Tragen: „Bei Punktegleichheit entscheidet die geringere Strafpunktzahl in der ersten Bestätigungsrunde".

Mit dem, unter diesen Umständen, undankbaren fünften Platz mussten sich Paul und Damian Goroll (Waltenhofen bzw. Oy-Mittelberg) im Ford Fiesta zufriedengeben.

P4 ging an die Sieger der GLP Schloss Augustusburg Brühl, Michael Dedekind und Sandra Meier (Landshut) mit ihrem bildschönen BMW E46 M3 GTR. „Es lief ganz gut für uns", resümierte Michael Dedekind bei der Siegerehrung. „Nach dem Erfolg im letzten Lauf hatten wir uns diesmal zum Ziel gesetzt, uns unter den ersten Fünf zu platzieren." Ziel erreicht, kann man da sagen – sogar in zweierlei Hinsicht.

Wieder ein toller Erfolg für Ralph Petzold (Wallerfangen) und Justine Kühn (Tholey) im Renault Clio. Nach dem 16. Platz bei der letzten Veranstaltung schafften sie diesmal sogar eine Nullrunde in der dritten Bestätigung und beendeten die GLP auf P3!

Der zweite Platz für René und Tina Göbbels (Eschweiler) stand bis zuletzt auf des Messers Schneide. Dabei hatte alles so gut angefangen. In der vorletzten Bestätigung gelang ihnen sogar eine Nullerrunde. Doch dann drohte dem für den MSC Wahlscheid startenden Ehepaar der Ausfall. Der Grund war ein Riss im Auspuffkrümmer. „In den letzten Runden hatten wir eine höhere Lautstärke und Abgasgeruch im Innenraum", erklärte Tina Göbbels. Die gute Platzierung war der Lohn für die Strapazen.

Den Tagesgesamtsieg mit nur 1,5 Fehlerpunkten (0,0/0,7/0,5/0,3) sicherten sich souverän Harald Ezaru und Harald Ezaru sen. (Bad Wildbad). Mit ihrem BMW 330ci hatte das Vater/Sohn-Team, nach einer Nullrunde gleich zu Beginn, das restliche GLP Feld jederzeit unter Kontrolle und baute mit seinem ersten Saisonsieg seinen Vorsprung in der GLP Jahreswertung weiter aus. Harald Ezaru Senior war sich sicher, wer für den Sieg verantwortlich war: „Der Grund für den heutigen Erfolg lag einzig und allein bei meinem Fahrer, denn ich hatte meine Lesebrille nicht dabei."

Erneut, genauer gesagt bereits zum dritten Mal in Folge, konnte Andreas Lux (Langenberg) die diesmal mit 39 Startern wieder gut besetzte Rookie-Klasse gewinnen. Mit seinem neuen Co-Piloten Sebastian Grunau (Gütersloh) sammelte er im Mini Cooper insgesamt 7,2 Fehlerpunkte (1,4/0,2/1,7/3,9) ein.

Stefan und Simon Zimmer aus Blieskastel bleiben ihm auf den Fersen. Die BMW 318 ti Fahrer hatten diesmal 8,2 Zähler auf dem „Kerbholz" und belegten damit bereits zum dritten Mal in dieser GLP Saison den zweiten Platz in der Newcomer-Wertung. Aber die Rookie-Wertung ist noch lange nicht endschieden, da ja auch noch die Streichresultate in die Wertung einfließen.

Die Mannschaftswertung sicherte sich diesmal das Team des MSC Wahlscheid im ADAC in der Fahrerbesetzung Göbbels/Göbbels, Derscheid/Derscheid, Vosen/Vosen, Scholl/Scholl und Dahlhäuser/Dahlhäuser mit satten 26,67 Punkten. Auf P2 platzierten sich mit 23,88 Punkten die „Ü30er" mit Ostrowski/Ostrowski, Wenzel/Knipp und Will/Anhuth.

Das letzte Wort aber gehört wieder dem engagierten Fahrtleiter Jürgen Seidel: „Dass einige Teams bei der Fahrerbesprechung offensichtlich nicht zugehört haben, finde ich sehr schade. In der Konsequenz musste ich leider vier Disqualifikationen wegen Unterschreitung der Mindestfahrzeit aussprechen. Insgesamt aber war es eine sehr schöne Veranstaltung, wie mir auch von den Teilnehmern zurückgemeldet wurde."

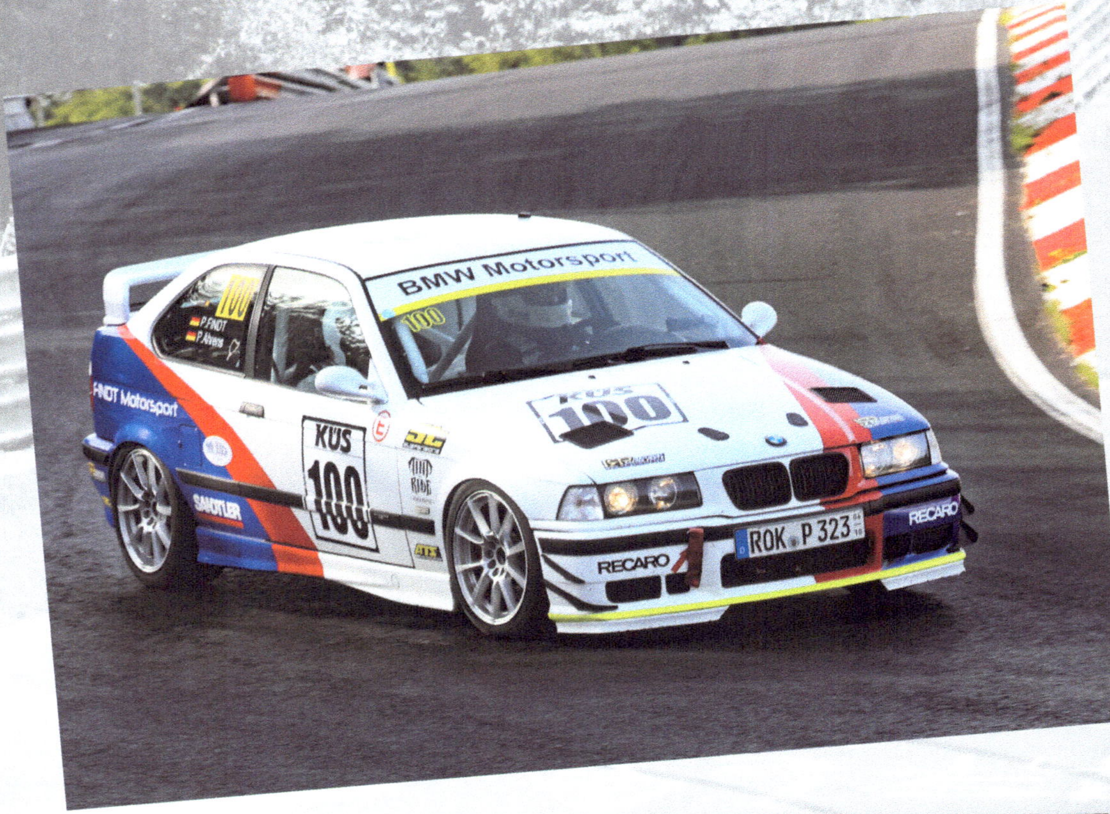
BMW Motorsport
KUS
100
RECARO
ROK P 323

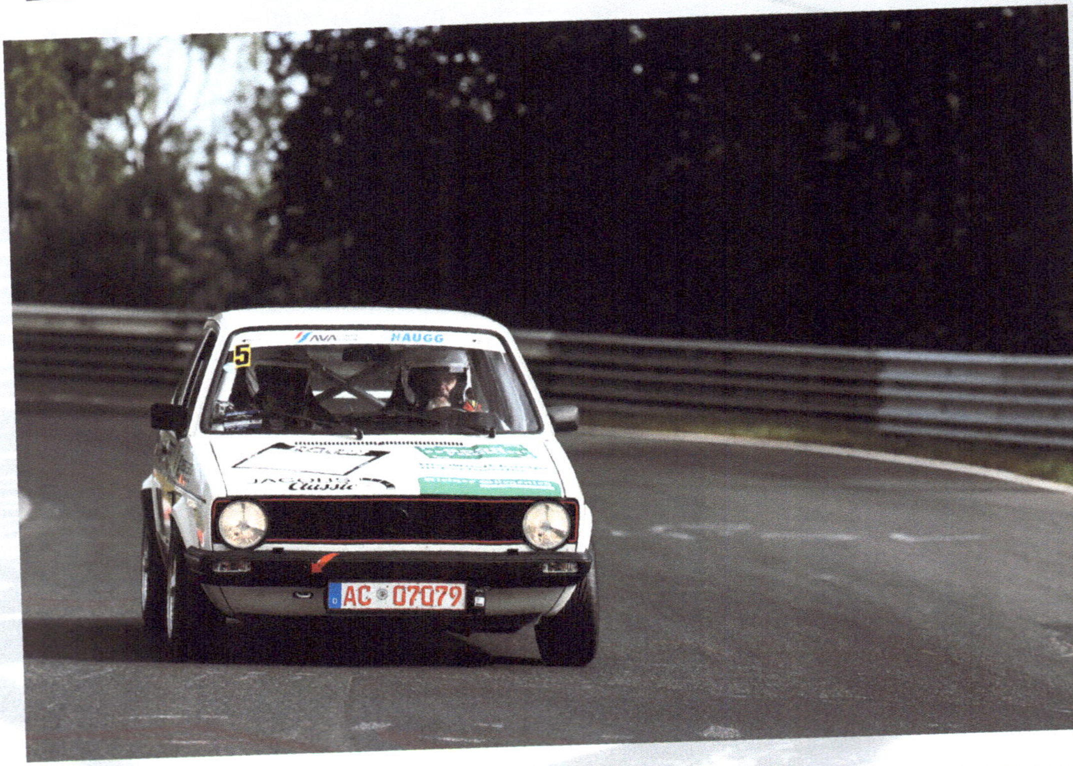
HAUGG
AC 07079

SPASS PUR MOTORSPORT
609
OG HL 292H
SANDTLER
MG 0 2104

bischof
werbung
KÜS
421
SANDTLER
SPERLING
MOTUL
DN RT 221

KÜS
50
SUBARU
INJOY
DENSO
MOTUL
PIRELLI
PIAA
ME JW 392

182
KÜS
EU CK 890

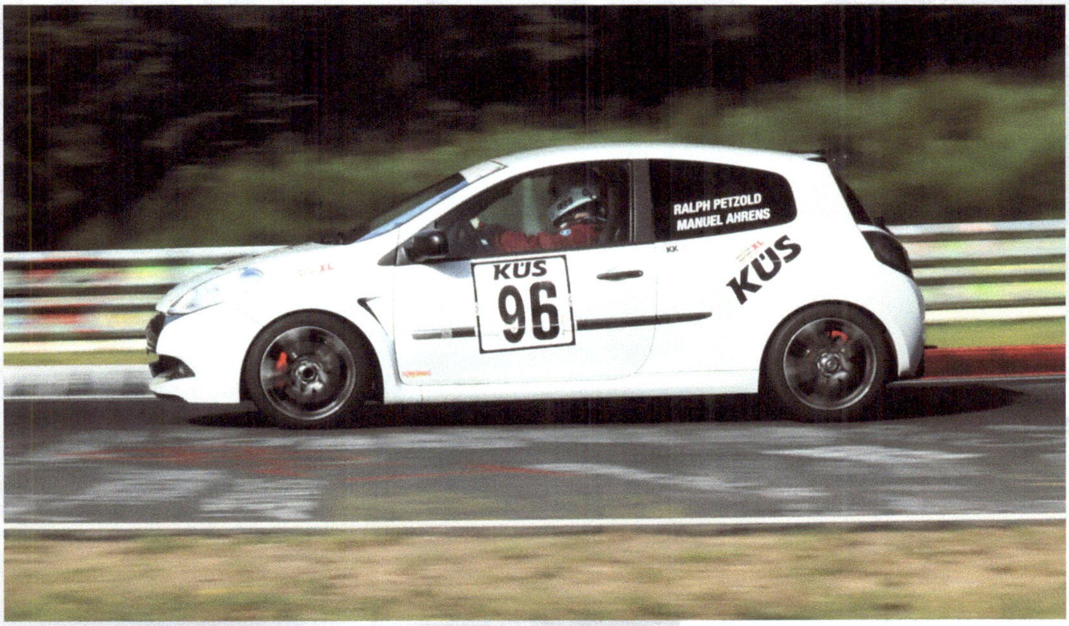
RALPH PETZOLD
MANUEL AHRENS
KÜS
96
KÜS

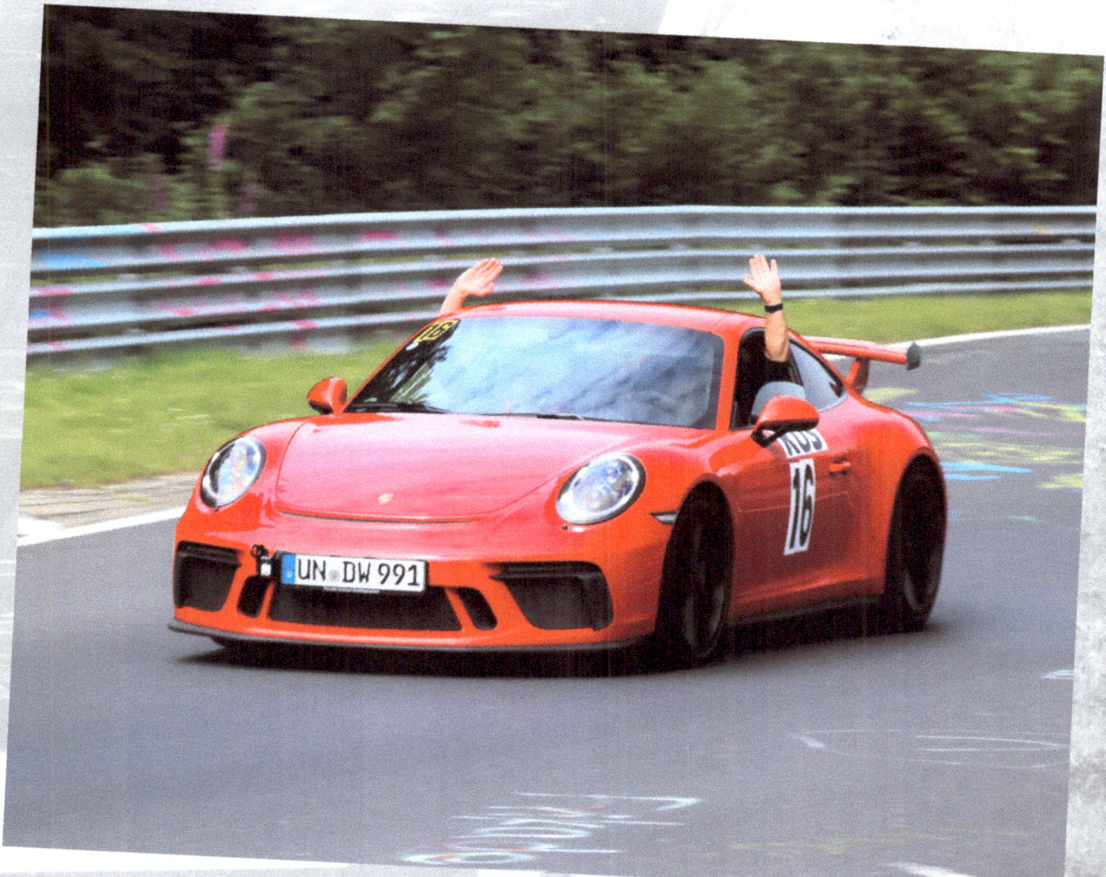
KÜS
16
UN DW 991

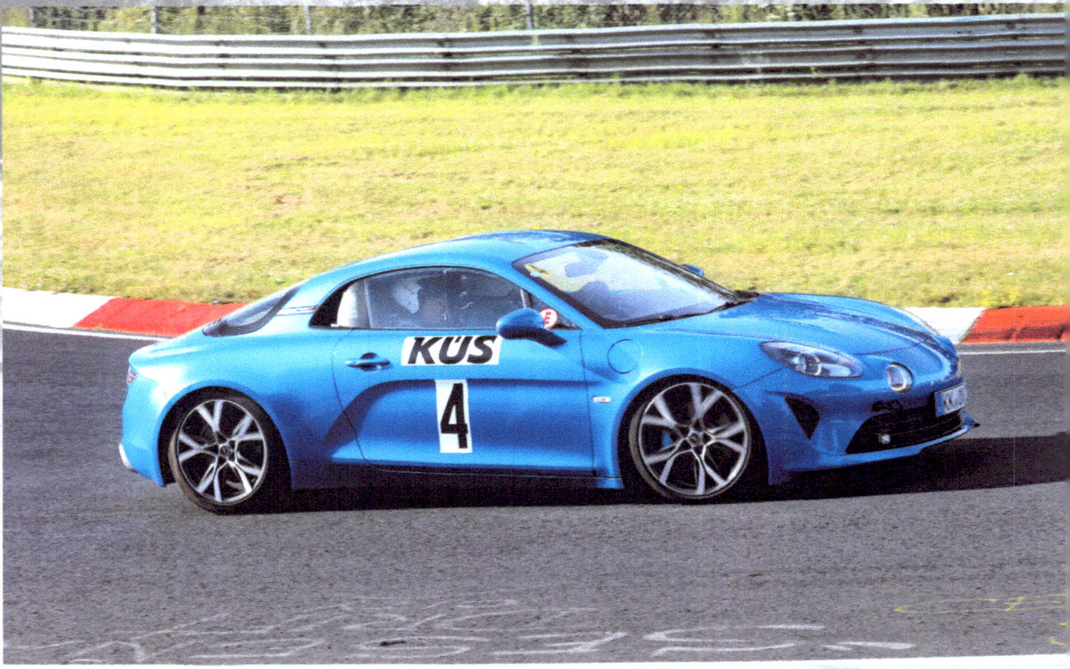
KÜS
4

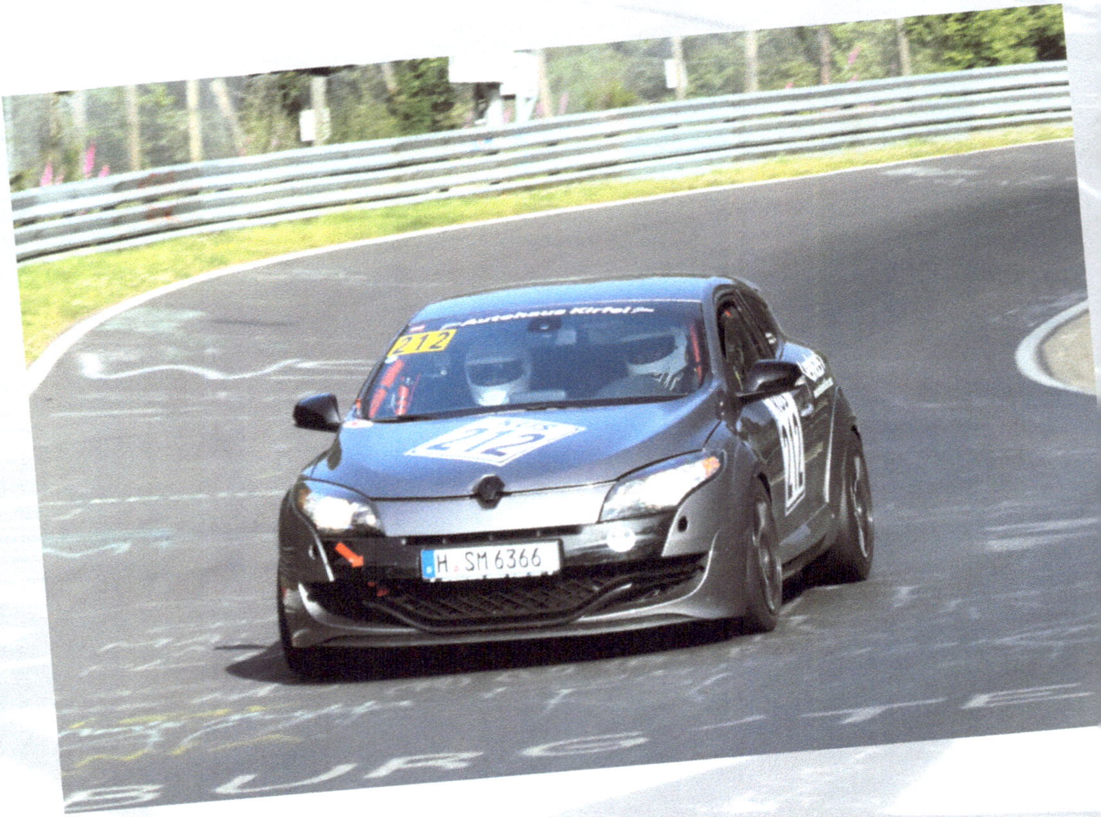
Autohaus Kirfel
212
H SM 6366

TOP 94 Gesamtwertung (111 Starter)

Platz	Name	Ort	Punkte
1	Ezaru, Harald	Bad Wildbad	1.5
1	Ezaru, Harald (Senior)	Bad Wildbad	1.5
2	Göbbels, René	Eschweiler	2.8
2	Göbbels, Tina	Eschweiler	2.8
3	Petzold, Ralph	Wallerfangen	2.8
3	Kühn, Justine	Tholey	2.8
4	Dedekind, Michael	Landshut	2.8
4	Meier, Sandra	Landshut	2.8
5	Goroll, Paul	Waltenhofen	2.8
5	Goroll, Damian	Oy-Mittelberg	2.8
6	Gierlich, Patrick	Rheinbach	3.3
6	Schreiber, Ralf	Schleiden	3.3
7	Ostrowski, Steven	Essen	3.4
7	Ostrowski, Jennifer	Essen	3.4
8	Quack, Simon	Mönchengladbach	3.5
8	Abrahams, Henrik	Mönchengladbach	3.5
9	Gödderz, Sebastian	Winkelhaid	4.0
9	Suitter, Jessica	Winkelhaid	4.0
10	Esser, Manuel	Titz	4.4
10	Coenen, Nils	Titz	4.4
11	Derscheid, Andrea	Much	4.5
11	Derscheid, Rolf	Much	4.5
12	Spiller, Markus	Heusweiler	5.5
12	Spiller, Michael	Heusweiler	5.5
13	Dahl, Jens	Diespeck	5.6
13	Hardung, Bernd	Erlangen	5.6
14	Notzon, Andreas	Morscheid	5.7
14	Lachotta, Christian	Trierweiler	5.7
15	Rombach, Markus	Jülich	6.0
15	Zander, Markus	Linnich	6.0
16	Nowara, Stefan	Troisdorf	6.1
16	Wallmersperger, Christopher	Duisburg	6.1
17	Lux, Andreas	Langenberg	7.2
17	Grunau, Sebastian	Gütersloh	7.2
18	Schlingmann, Peter	Celle	7.2
18	Taxweiler, Jan	Celle	7.2
19	Wenzel, Jörg	Langenfeld	7.5
19	Knipp, Uwe	Essen	7.5
20	Mellentin, Falk	Mönchengladbach	7.8
20	Mellentin, Monika	Mönchengladbach	7.8
21	Kaster, Karl-Alois	Nettersheim	7.9
21	Hansen, Markus	Nettersheim	7.9
22	Zimmer, Stefan	Blieskastel	8.2
22	Zimmer, Simon	Blieskastel	8.2
23	Esser, Joachim	Titz	8.7
23	Pistel, Hans-Josef	Titz	8.7
24	Vosen, Thomas	Nümbrecht	8.8
24	Vosen, Klaus	Nümbrecht	8.8

Platz	Name	Ort	Punkte
25	Mars, Stephan	Wunstorf	11.3
25	Hoins, Ralph	Wunstorf	11.3
26	Findt, Patrick	Katzenbach	12.1
26	Ahrens, Philipp	Budenheim	12.1
27	Sartoris, Thomas	Daun	12.2
27	Junk, Marcel	Monheim am Rhein	12.2
28	Berres, Axel	Mainz	12.3
28	Kreckel, Peter	Hofheim	12.3
29	Lutterbeck, Daniel	Aitrach	12.9
29	Widemann, Christoph	Heimertingen	12.9
30	Lehmann, Marc	Jülich	13.1
30	Lehmann, Kerstin	Jülich	13.1
31	Paslick, Daniel	Neuenkirchen	13.6
31	Menzel, Thorsten	Neuenkirchen	13.6
32	Adam, Andrea	Kaiserslautern	13.8
32	Rünger, Marcel	Kaiserslautern	13.8
33	Datzer, Matthias	Rot am See	14.4
33	Datzer, Jürgen	Rot am See	14.4
34	Radermacher, Patrick	Bonn	16.2
34	Maru, Serkan	Rheinbreitbach	16.2
35	Schneider, Heinrich	Theres	16.5
35	Dr. Dr. Schneider, Michael	Bad Honnef	16.5
36	Marnet, Lion	Glashütten	17.4
36	Marnet, Klaus	Garmisch-Partenkirchen	17.4
37	Kuhl, Thomas	Prüm	17.8
37	Wagner, Frank	Kyllburg	17.8
38	Paslick, Stefan	Wettringen	18.0
38	Paslick, Christian	Wettringen	18.0
39	Nohles, Raphael	Wimbach	19.2
39	Nohles, Sascha	Wimbach	19.2
40	Best, Julian	Gau-Algesheim	19.4
40	Ertel, Christopher	Schwabenheim	19.4
41	Tiedtke, Peter	Dortmund	19.9
41	Pallmann, Annette	Dortmund	19.9
42	Will, Detlef	Wangerland	20.1
42	Anhuth, Daniel	Sundern	20.1
43	Reichle, Andreas	Wilhelmsdorf	20.5
43	Reichle, Roland	Wilhelmsdorf	20.5
44	Schumacher, Nicolai	Bonn	20.9
44	Reuther, Petra	Hennef	20.9
45	Markl, Michael	Mühlheim	21.5
45	Markl, Madeline	Rottweil	21.5
46	Scholl, Guido	Köln	22.1
46	Scholl, Alexander	Hannover	22.1
47	Hörstmann, Simon	Troisdorf	22.7
47	Falderbaum, Frank	Swisttal	22.7
48	Buderath, Marc	Linnich	23.3
48	Nacken, Nina	Herzogenrath	23.3
49	Günter, Marc	Baiersbronn	24.0
49	Günter, Sven	Baiersbronn-Obertal	24.0

Platz	Name	Ort	Punkte
50	Seggewiss, Maik	Bocholt	24.4
50	Stehli, Christian	Wittenbach/Schweiz	24.4
51	Peters, Eike	Kerpen	25.7
51	Schumacher, Sandra	Salzwedel	25.7
52	Kreisel, Markus	Münster	25.9
52	Kreisel, Nina	Münster	25.9
53	Fos, Kevin	Burscheid	26.4
53	Hentschel, Steffi	Niederkassel	26.4
54	Fassbender, Wilfried	Hürth	26.5
54	Klein, Rolf	Erftstadt	26.5
55	Jäckels, Olav	Swisttal	26.9
55	Schumacher, Sebastian	Swisttal	26.9
56	Schalldach, Tim	Münster	26.9
56	Hagel, Andre	Apfingen	26.9
57	Peckel, Michael	Issum	27.4
57	Klingel, Herbert	Oberhausen	27.4
58	Braun, Hubert	Aachen	29.3
58	Schwan, Rolf	Aachen	29.3
59	Schwenk, Lukas	Volxheim	30.8
59	Servos, Noah	Kerpen	30.8
60	Carvalho, Fabio	Flawil	34.5
60	Batista Pereira, Luka	Waldstatt	34.5
61	Overbeck, Thomas	Tönisvorst	36.0
61	Reichle, Uwe	Recke	36.0
62	Hassert, Tim	Mechernich	37.6
62	Ismar, Gina	Euskirchen	37.6
63	Kessler, Dr., Henrik	Essen	40.5
63	Keiselt, Stephan	Essen	40.5
64	Daum, Michael	Besseringen	41.9
64	Krütt, Markus	Neuss	41.9
65	Lodde, Michael	Münster	43.7
65	Reher, Ralf	Münster	43.7
66	Scheffel, Thomas	Siershahn	44.5
66	Scheffel, Tim	Siershahn	44.5
67	Ostlender, Nico	Alsdorf	45.9
67	Ostlender, Gerd	Baesweiler	45.9
68	Schlüter, Winfried	Horstmar	45.9
68	Schlüter, Karin	Horstmar	45.9
69	Drötboom, Niklas	Rommerskirchen	51.2
69	Drötboom, Michael	Rommerskirchen	51.2
70	Doerfert, Carsten	Bonn	57.5
70	Hostert, Markus	Rech	57.5
71	Kretschmar, Mario	Chemnitz	59.6
71	Hentschke, Ronny	Hohenstein-Ernstthal	59.6
72	Schwenzer, Niklas	Weilmünster	60.4
72	Schwenzer, Thomas	Weilmünster	60.4
73	Sapp, Jennifer	Reichshof	76.1
73	Sapp, Julian	Gummersbach	76.1
74	Striebich, Michael	Bonn	76.6
74	Striebich, Lukas	Hofheim	76.6

Platz	Name	Ort	Punkte
75	Frings-Watterott, Stefan	Bonn	78.1
75	Frings-Watterott, Max	Wesseling	78.1
76	Eckhardt, Torsten	Dehrn	84.2
76	Caspers, Arne	Cramberg	84.2
77	Pieper, Markus	Schwelm	89.4
77	Grün, Ann-Kathrin	Ennepetal	89.4
78	Rodig, Stefan	Rellingen	132.5
78	Rodig, Andrea	Rellingen	132.5
79	Koßagk, Daniel	Burgbernheim	134.6
79	Köhler, Finn	Schwarzach a.Main	134.6
80	Möhring, Kevin	Stressenhausen	137.8
80	Gundermann, Fritz	Stressenhausen	137.8
81	Stotz, Hans-Werner	Erftstadt	159.3
81	Tiesler, Daniel	Neustadt	159.3
82	Kluge, Maren	Basel	162.2
82	Roitzheim, Marc	Grafschaft	162.2
83	Rinsch, Thomas	Hürth	171.8
83	Vignesan, Vanathi	Straelen	171.8
84	Schmid, Finn	Döttesfeld	207.4
84	Mücke, Justin	Sessenbach	207.4
85	Weiland, Ralf	Schwetzingen	228.0
85	Eichhorn, Uwe	Ketsch	228.0
86	Grassmann, Christian sen.	Obertraubling	259.7
86	Grassmann, Christian jun.	Obertraubling	259.7
87	Böhmer-Wöll, Alexandra	Bendorf	316.7
87	Wöll, Thomas	Bendorf	316.7
88	Lutz, Bernd	Zell am Harmersbach	370.2
88	Dürr, Noah	Lutherstadt Wittenberg	370.2
89	Steil, Christopher	Eppelborn	674.2
89	Birster, Jannik	Eppelborn	674.2
90	Kalenborn, Torsten	Straßfeld	845.3
90	Westerich, Roman	Siebenbach	845.3
91	Laarmann, Frederik	Bottrop	975.9
91	Große-Venhaus, Georg	Bottrop-Kirchhellen	975.9
92	Weber, Gilbert	Köln	1709.4
92	Toenneßen, Jens	Dormagen	1709.4
93	Schmetz, Alexander	Gangelt Schierwalden.	1978.5
93	Kasper, Sebastian	Gangelt	1978.5
94	Sponheuer, Jens	Essen	2144.2
94	Brügmann, Thomas	Adenau	2144.2

TOP20 Rookiewertung (39 Starter)

Platz	Name	Ort	Punkte
1	Lux, Andreas	Langenberg	7.2
1	Grunau, Sebastian	Gütersloh	7.2
2	Zimmer, Stefan	Blieskastel	8.2
2	Zimmer, Simon	Blieskastel	8.2
3	Sartoris, Thomas	Daun	12.2
3	Junk, Marcel	Monheim am Rhein	12.2
4	Lutterbeck, Daniel	Aitrach	12.9
4	Widemann, Christoph	Heimertingen	12.9
5	Radermacher, Patrick	Bonn	16.2
5	Maru, Serkan	Rheinbreitbach	16.2
6	Reichle, Andreas	Wilhelmsdorf	20.5
6	Reichle, Roland	Wilhelmsdorf	20.5
7	Buderath, Marc	Linnich	23.3
7	Nacken, Nina	Herzogenrath	23.3
8	Peters, Eike	Kerpen	25.7
8	Schumacher, Sandra	Salzwedel	25.7
9	Fos, Kevin	Burscheid	26.4
9	Hentschel, Steffi	Niederkassel	26.4
10	Schalldach, Tim	Münster	26.9
10	Hagel, Andre	Apfingen	26.9
11	Hassert, Tim	Mechernich	37.6
11	Ismar, Gina	Euskirchen	37.6
12	Daum, Michael	Besseringen	41.9
12	Krütt, Markus	Neuss	41.9
13	Scheffel, Thomas	Siershahn	44.5
13	Scheffel, Tim	Siershahn	44.5
14	Drötboom, Niklas	Rommerskirchen	51.2
14	Drötboom, Michael	Rommerskirchen	51.2
15	Kretschmar, Mario	Chemnitz	59.6
15	Hentschke, Ronny	Hohenstein-Ernstthal	59.6
16	Schwenzer, Niklas	Weilmünster	60.4
16	Schwenzer, Thomas	Weilmünster	60.4
17	Frings-Watterott, Stefan	Bonn	78.1
17	Frings-Watterott, Max	Wesseling	78.1
18	Pieper, Markus	Schwelm	89.4
18	Grün, Ann-Kathrin	Ennepetal	89.4
19	Rodig, Stefan	Rellingen	132.5
19	Rodig, Andrea	Rellingen	132.5
20	Koßagk, Daniel	Burgbernheim	134.6
20	Köhler, Finn	Schwarzach a.Main	134.6

Mannschaftswertung (5 Teams)

1 MSC Wahlscheid im ADAC   **26,67**
Göbbels / Göbbels
Derscheid / Derscheid
Vosen / Vosen
Scholl / Scholll
Dahlhäuser / Dahlhäuser

2 „Die Ü-30er"   **23,88**
Ostrowski / Ostrowski
Wenzel / Knipp
Will / Anhuth

3 Team „Null Runde"   **23,42**
Ezaru / Ezaru
Dedekind / Meier
Schlüter / Schlüter

4 AT-Esser-Motorsport   **22,71**
Esser / Coenen
Esser / Pistel
Buderath / Nacken
Strahl / Vogt

5 Scuderia Augustusburg Brühl im ADAC   **8,47**
Klein / Fassbender
Striebich / Striebich
Fahnenstich / Milz

GLP Top 50 Jahreswertung nach dem 3. Lauf

Platz	Name	1.Lf	2.Lf	3.Lf	4.Lf	5.Lf	6.Lf	JW
1	Ezaru, Harald - Bad Wildbad	9,81	9,82	9,91				29,54
1	Ezaru, Harald (Sen.) - Bad Wildbad	9,81	9,82	9,91				29,54
2	Göbbels, René - Eschweiler	9,71	9,55	9,82				29,08
2	Göbbels, Tina - Eschweiler	9,71	9,55	9,82				29,08
3	Ostrowski, Steven - Essen	9,90	9,64	9,37				28,91
3	Ostrowski, Jennifer - Essen	9,90	9,64	9,37				28,91
4	Goroll, Paul - Waltenhofen	9,61	8,84	9,55				28,00
5	Spiller, Markus - Heusweiler	9,51	8,93	8,92				27,36
5	Spiller, Michael - Heusweiler	9,51	8,93	8,92				27,36
6	Derscheid, Andrea - Much	8,74	9,38	9,01				27,13
6	Derscheid, Rolf - Much	8,74	9,38	9,01				27,13
7	Lux, Andreas - Langenberg	9,13	9,46	8,47				27,06
8	Dedekind, Michael - Landshut	7,48	9,91	9,64				27,03
8	Meier, Sandra - Landshut	7,48	9,91	9,64				27,03
9	Petzold, Ralph - Wallerfangen	8,45	8,57	9,73				26,75
10	Gödderz, Sebastian - Winkelhaid	7,77	8,66	9,19				25,62
10	Suitter, Jessica - Winkelhaid	7,77	8,66	9,19				25,62
11	Zimmer, Stefan - Blieskastel	8,25	9,29	8,02				25,56
11	Zimmer, Simon - Blieskastel	8,25	9,29	8,02				25,56
12	Rombach, Markus - Jülich	8,06	7,95	8,65				24,66
13	Nowara, Stefan - Troisdorf	9,03	6,43	8,56				24,02
14	Lehmann, Marc - Jülich	7,86	8,30	7,30				23,46
14	Lehmann, Kerstin - Jülich	7,86	8,30	7,30				23,46
15	Dahl, Jens - Diespeck	6,70	7,86	8,83				23,39
16	Marnet, Lion - Glashütten	8,35	8,13	6,76				23,24
16	Marnet, Klaus - Garm.-Partenk.	8,35	8,13	6,76				23,24
17	Kaster, Karl-Alois - Nettersheim	7,28	7,50	8,11				22,89
17	Hansen, Markus - Nettersheim	7,28	7,50	8,11				22,89
18	Paslick, Stefan - Wettringen	7,67	7,41	6,58				21,66
19	Scholl, Guido - Köln	8,16	7,59	5,86				21,61
20	Markl, Michael - Mühlheim	7,38	8,21	5,95				21,54
20	Markl, Madeline - Rottweil	7,38	8,21	5,95				21,54
21	Adam, Andrea - Kaiserslautern	6,41	7,77	7,12				21,30
21	Rünger, Marcel - Kaiserslautern	6,41	7,77	7,12				21,30
22	Berres, Axel - Mainz	6,89	6,07	7,48				20,44
23	Kuhl, Thomas - Prüm	5,92	6,79	6,67				19,38
24	Paslick, Christian - Wettringen	7,67	5,09	6,58				19,34
25	Lux, Markus - Soest	9,13	9,46	DNS				18,59
26	Schlagenhaufen, Chr. - Krumbach	9,61	8,84	DNS				18,45
27	Hörstmann, Simon - Troisdorf	6,02	6,61	5,77				18,40

Platz	Name	1.Lf	2.Lf	3.Lf	4.Lf	5.Lf	6.Lf	JW
27	Falderbaum, Frank - Swisttal	6,02	6,61	5,77				18,40
28	Schumacher, Nicolai - Bonn	7,09	5,18	6,04				18,31
28	Reuther, Petra - Hennef	7,09	5,18	6,04				18,31
29	Kühn, Justine - Tholey	DNS	8,57	9,73				18,30
30	Quack, Simon - Mönchengladbach	8,93	DNS	9,28				18,21
30	Abrahams, Henrik - M.-Gladbach	8,93	DNS	9,28				18,21
31	Radermacher, Patrick - Bonn	4,95	6,16	6,94				18,05
31	Maru, Serkan - Rheinbreitbach	4,95	6,16	6,94				18,05
32	Fassbender, Wilfried - Hürth	7,57	5,27	5,14				17,98
32	Klein, Rolf - Erftstadt	7,57	5,27	5,14				17,98
33	Mellentin, Falk - Mönchengladbach	DNC	9,73	8,20				17,93
33	Mellentin, Monika - M.-gladbach	DNC	9,73	8,20				17,93
34	Carvalho, Fabio - Flawil	5,05	8,04	4,59				17,68
34	Batista Pereira, Luka - Waldstatt	5,05	8,04	4,59				17,68
35	Nohles, Raphael - Wimbach	5,24	5,89	6,49				17,62
35	Nohles, Sascha - Wimbach	5,24	5,89	6,49				17,62
36	Best, Julian - Gau-Algesheim	4,56	6,34	6,40				17,30
36	Ertel, Christopher - Schwabenheim	4,56	6,34	6,40				17,30
37	Paslick, Daniel - Neuenkirchen	2,52	7,41	7,21				17,14
38	Findt, Patrick - Katzenbach	9,42	DNS	7,66				17,08
38	Ahrens, Philipp - Budenheim	9,42	DNS	7,66				17,08
39	Vosen, Thomas - Nümbrecht	DNS	9,11	7,84				16,95
39	Vosen, Klaus - Nümbrecht	DNS	9,11	7,84				16,95
40	Esser, Joachim - Titz	8,64	DNS	7,93				16,57
40	Pistel, Hans-Josef - Titz	8,64	DNS	7,93				16,57
41	Heggen, Ralf - Jüchen - Waat	8,06	7,95	DNS				16,01
42	von Scheid, Patrick - Pomster	8,83	7,14	DNS				15,97
42	Richling, Mathias - Wimbach	8,83	7,14	DNS				15,97
43	Datzer, Matthias - Rot am See	3,30	5,54	7,03				15,87
43	Datzer, Jürgen - Rot am See	3,30	5,54	7,03				15,87
44	Notzon, Andreas - Morscheid	DNS	7,05	8,74				15,79
44	Lachotta, Christian - Trierweiler	DNS	7,05	8,74				15,79
45	Nowara, Marion - Troisdorf	9,03	6,43	DNS				15,46
46	Braun, Hubert - Aachen	6,50	4,02	4,77				15,29
47	Sartoris, Thomas - Daun	2,82	4,82	7,57				15,21
47	Junk, Marcel - Monheim am Rhein	2,82	4,82	7,57				15,21
48	Gierlich, Patrick - Rheinbach	DNS	5,71	9,46				15,17
49	Schlüter, Winfried - Horstmar	1,94	9,20	3,87				15,01
50	Esser, Manuel - Titz	5,83	DNS	9,10				14,93
50	Coenen, Nils - Titz	5,83	DNS	9,10				14,93

(Noch ohne Berücksichtigung der Streichresultate!)

4. GLP Lauf „Erftquellenpreis" (04.08.2024)

Rookieteam sorgt für Furore

Für eine große Überraschung beim vierten RCN GLP Lauf der Saison 2024, dem „Erftquellenpreis" der SFG Schönau im ADAC, sorgte nicht das Wetter am Nürburgring und auch nicht der Sieger der Veranstaltung. Vielmehr machten die Zweitplatzierten beim Aushang der Ergebnisse Furore: ein Rookieteam wurde – punktgleich mit den Gesamtsiegern (!) – auf P2 gewertet. Eine respektable Leistung.

Aber der Reihe nach. In der Nacht vor dem Start hatte es rund um den Nürburgring kräftig geregnet und so war der Asphalt der Eifelrennstrecke am frühen Sonntagmorgen noch teilweise feucht und damit fast unberechenbar für die Teilnehmer. „Nicht unbedingt unser Wetter", kommentierte Steven Ostrowski die Lage und auch Fahrtleiter Jürgen Seidel betonte bei der Fahrerbesprechung explizit die daraus resultierende Gefahr und erinnerte an den NLS-Lauf vom Vortag, der nach der ersten Runde mittels roter Flagge abgebrochen werden musste, weil mehrere havarierte GT3-Fahrzeuge der Spitzengruppe die „Hatzenbach" blockierten.

Die Wetterverhältnisse trugen auch nicht unbedingt zur Beruhigung von GLP-Fotografin Tatjana Schmidt bei. Vor ihrem ersten aktiven GLP Einsatz, zusammen mit Bernd Lutz in dessen Golf, lauschte sie sichtlich nervös der obligatorischen Fahrerbesprechung.

Beim Start der 101 GLP Teams war der Himmel war zwar noch bedeckt, aber die Strecke schien abzutrocknen. Leider nicht überall – es blieb tückisch.

So hatten Christopher Stell und Jannik Birster (beide Eppelborn) in der ersten Bestätigungsrunde ihr Aha-Erlebnis. Kurz vor der Breidscheider Brücke verlor ihr Ford Focus an der Hinterachse die Bodenhaftung. Zwar konnte der Fahrer durch beherztes Gegenlenken einen Dreher vermeiden, doch der Wagen rollte im rechten Winkel zur Fahrbahn auf der Brücke aus. Das schnelle Eingreifen von Streckenposten 118 warnte den folgenden Verkehr und verhinderte Schlimmeres. „Danach waren wir hellwach," lautete das Resümee der beiden Eppelborner nach dem spektakulären Ausrutscher, der aber weiter keine Folgen hatte. Sie konnten ihre Fahrt fortsetzen.

Etwa zur gleichen Zeit kam das Aus für Thomas und Klaus Vosen aus Nümbrecht. Sie hatten es mit ihrem Golf II trotz Motoraussetzern noch bis an die Box geschafft und konnten hier den Fehler auch im Bereich der Elektrik eingrenzen. Um aber keinen größeren Motorschaden zu riskieren, stellten sie die Maschine ab, luden den Wagen auf und fuhren nach Hause.

Mehr Glück hatten Winfried und Karin Schlüter aus Horstmar. Auch ihr Mini lief nicht so richtig. „In den ersten Runden war die Strecke noch verflixt rutschig," berichtete Winfried Schlüter in der Tankpause, "Und dann machte der Motor im oberen Drehzahlbereich nicht mehr mit." Ab 5.000 UpM war keine Leistung mehr da. Aber auch mit gebremster Leistung kann man Gleichmäßigkeitsprüfungen fahren. Und schon war der Mini wieder auf der Strecke.
Keinerlei Probleme dagegen bei der „Schwarzwald/Westerwald-Connection".
Bernd Lutz (Zell am Harmersbach) und Fotografin Tatjana Schmidt (Alten-

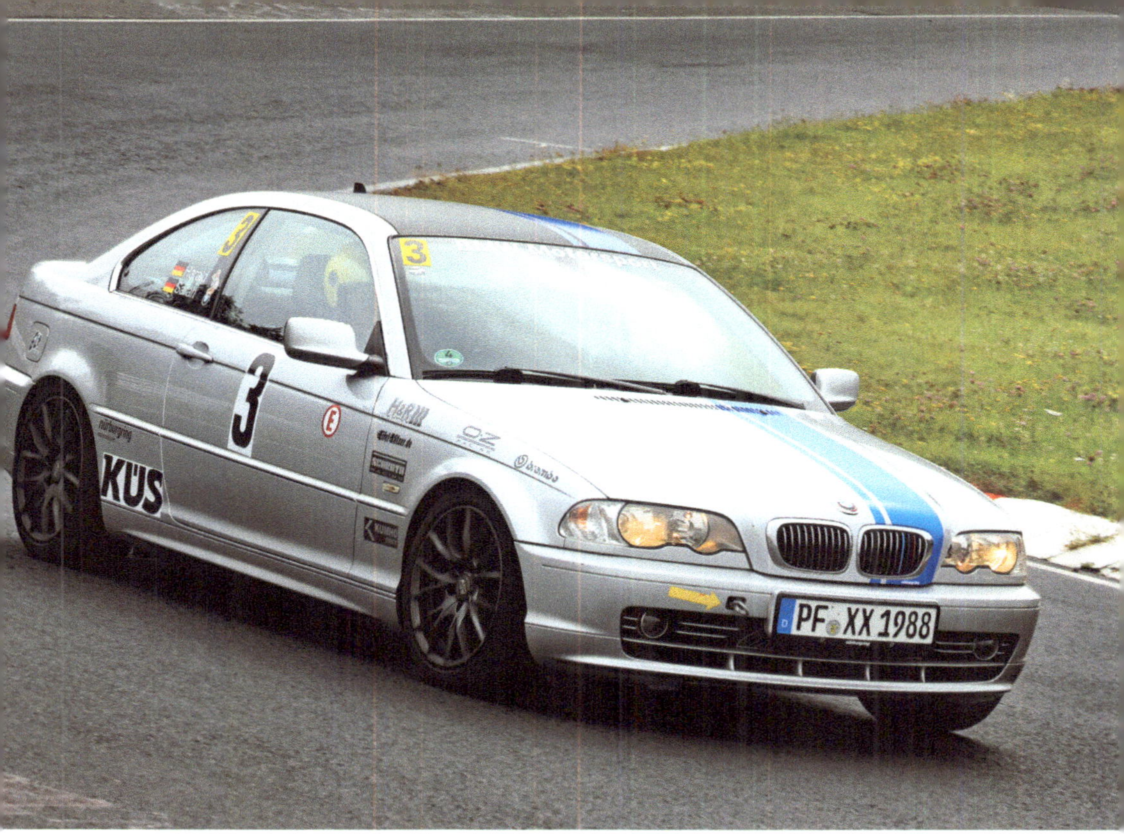
3
KÜS
PF XX 1988

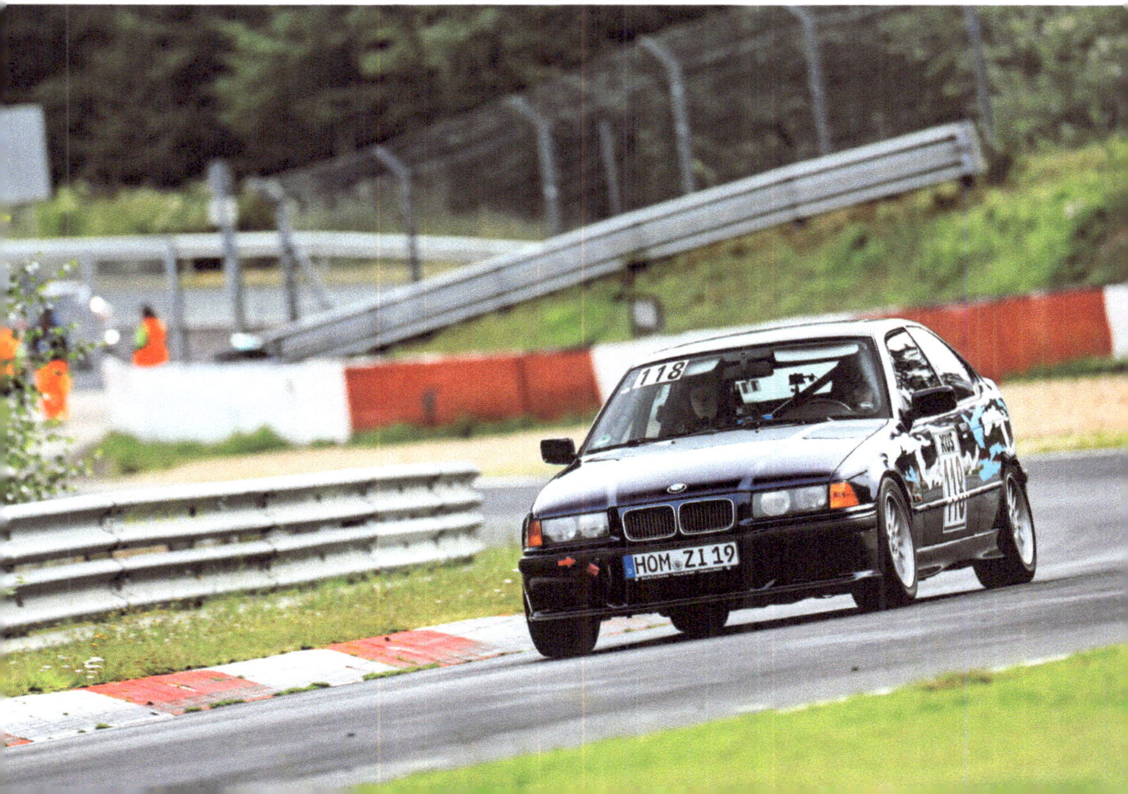
118
HOM ZI 19

kirchen) harmonierten von der ersten Sekunde an. Lediglich 3,5 Strafpunkte hatten sie zur Halbzeit auf dem Kerbholz.

In der zweiten Halbzeit lief es dann nicht mehr ganz so gut für Lutz/Schmidt. Mehr oder weniger starker Nieselregen hatte eingesetzt und die Fahrer suchten auf fast allen Streckenabschnitten nach Grip. Im Ziel wurden Bernd Lutz und Tatjana Schmidt 14,2 Punkten auf P27 gewertet und noch mit zwei Pokalen belohnt. Nicht schlecht für den ersten GLP Versuch von Quereinsteigerin Tatjana.

Im Ziel ging der zehnte Platz an ein Team des MSC Gütersloh im ADAC. Für Wolfgang Großelanghorst (Gütersloh) und Josef Bollweg (Dissen) war es der erste GLP Einsatz im Opel Adam in diesem Jahr und da kann sich ein Platz in den Top-Ten mit 7,3 Fehlerpunkten (3,3/1,6/1,9/0,5) doch sehen lassen.

Auch für Marcus und Kurt Bernards (Langenfeld) war es der erste GLP Start in diesem Jahr. Nach der langen Pause platzierte sich das für den MSC Langenfeld im ADAC startende Vater/Sohn-Team im Peugeot 206 mit nur 5,6 Punkten (0,9/0,7/3,2/0,8) auf P9. Welcome back!

Punktegleichheit dann auf den beiden folgenden Plätzen – und beide Teams haben in diesem Jahr schon einen GLP Gesamtsieg eingefahren. Mit dem achten Platz und 4,2 Punkten (2,2/07/0,7/0,6) mussten sich diesmal Steven und Jennifer Ostrowski (Essen) im Mercedes AMG zufriedengeben – ausschlaggebend war das Ergebnis der ersten Betätigungsrunde. Auch für Michael Dedekind und Sandra Meier aus Landshut zeigte die Ergebnisliste 4,2 Punkte (1,0/0,4/0,3/2,5) an. Dank dem besseren Wert in der ersten Bestätigungsrunde landeten sie mit ihrem BMW E46 M3 auf dem siebten Platz.

Den ersten GLP Start in diesem Jahr absolvierte auch Nadine Philipp aus Blaufelden. An der Seite von Sebastian Anding (ebenfalls Blaufelden) hatte sie in der vergangenen Saison die Rookie Jahreswertung gewinnen können. Nun starteten die Beiden wieder zusammen im Honda Accord und waren auf Anhieb erfolgreich: 3,9 Punkte (0,4/0,1/1,5/1,9) reichten für P6.

Der rote Mini JWC von Winfried und Karin Schlüter hielt trotz Aussetzern bis in Ziel durch. Das Paar aus Horstmar machte das Beste daraus und belegte am Ende mit 3,6 Punkten (0,5/1,8/0,5/0,8) den guten fünften Platz.

Die folgenden beiden Platzierungen sicherten sich Teams des MSC Wahlscheid im ADAC und legten damit den Grundstein für einen guten Platz in der Mannschaftswertung. P4 ging an Andrea und Rolf Derscheid aus Much.

Mit ihrem Opel Corsa fuhren sie in den vier Bestätigungsrunden 2,8 Punkte ein (0,6/1,1/0,5/0,6). Ein Top-Ergebnis auch für Renè und Tina Göbbels aus Eschweiler im VW Golf 1 GTI: Drei Bestätigungsrunden mit jeweils nur 0,4 Fehlerpunkten sowie ein „Nuller" in der letzten Bestätigungsrunde ergaben in der Addition lediglich 1,2 Punkte und einen verdienten 3. Platz.

Große Überraschungen gab es an der Spitze: Punktegleichheit für P1 und P2 – also war die bessere Platzierung in der ersten Bestätigungsrunde ausschlaggebend. Und, noch überraschender: Ein Rookieteam spielte mit um den Tagessieg. P2 ging mit 1,1 Fehlerpunkten (0,4/0,3/0,2/0,2) an die Rookies Stefan und Simon Zimmer (Blieskastel) im BMW 318 ti während sich Harald und Harald Senior Ezaru (Bad Wildbad) im BMW 330 ci mit der gleichen Punktzahl, aber einer besseren ersten Bestätigungsrunde (0,2/0,3/0,5/0,1), den zweiten Saisonsieg sicherten.

Hinter Zimmer/Zimmer belegten Andreas und Markus Lux aus Langenberg bzw. Soest (Mini Cooper) mit 7,9 Punkten (0,1/6,7/0,1/1,0) den zweiten Platz in der Rookiewertung knapp vor den, für den MSC Ranzel 1952 im ADAC startenden Patrick Radermacher (Bonn) und Serkan Maru (Rheinbreitbach) mit 8,1 Punkten (0,6/2,9/0,7/3,9).

Die Mannschaftswertung ging 28,71 Punkten an das Team „Null Runde" (Ezaru/Ezaru, Schlüter/Schlüter, Dedekind/Meier, Großelanghorst/Bollweg und Mellentin/Mellentin). Den zweiten Platz von fünf genannten Mannschaften sicherte sich mit 27,32 Punkten) das Team des MSC Wahlscheid im ADAC (Göbbels/Göbbels, Derscheid/Derscheid; Theis/Tillmanns und Vosen/Vosen).

Von den 101 zum „Erftquellenpreis" der SFG Schönau im ADAC gestarteten Teams, erreichten neunzig das Ziel in Wertung – eine gute Quote.

MOTORSPORT
NANKANG
fordrallyesport
98
212
H SM 6366

28
KÜS
BM T 9004

... aus dem Cockpit:
Tatjana Schmid

„So langsam habe ich die Sprache wieder. Wie fange ich an? Oh, man war ich aufgeregt, die ganze Woche davor schon. Am Morgen vor dem Start habe ich gedacht, ich platze vor Freude und Anspannung (was ihr so mitmacht, Wahnsinn). Ruhiger geworden bin ich erst, als wir zum Start losgefahren sind.

Danke, Bernd Lutz für dieses sensationelle Erlebnis und dass du meine riesengroße Freude so gut ausgehalten hast!! Bernd ist ein absoluter Regenfahrer. Er hatte das Tool zu jeder Zeit perfekt im Griff. Ich bin schon oft über den Ring mitgefahren, habe aber noch keinen gesehen, der so mit dem Auto eine Verbindung eingeht und genau weiß, was er macht. Einfach erkennt, wie sein Auto auf sein Handeln reagiert. Zum Glück ist meine Mimik nicht auf dem Video zu sehen, wie er das erste Mal mit der Handbremse gearbeitet hat. In der ersten Runde wollte ich noch die Curps zählen, die wir mitnehmen. Das habe ich ganz schnell aufgegeben. Gefühlt haben wir jeden Curp mitgenommen !!

Das Fotografieren war ein Unterfangen, das ich nicht gewinnen konnte. Zehn Runden sind so schnell vorbei. In der Winkerunde wusste ich manchmal nicht, ob ich lachen oder weinen sollte. Dies ist eine sehr emotionale Runde, mit die schönste Runde der GLP. Die Reaktionen der Streckenposten waren gigantisch. Auch was sie leisten, bei jedem Wetter, muss immer wieder erwähnt werden.

Dass wir dann auch noch einen Pokal auf P 27 erhalten haben, rundete diese 4. GLP der Saison 2024 außergewöhnlich ab. Ein absolut perfektes Wochenende ging viel zu schnell vorüber. Ihr habt sooo ein schönes Hobby. Die Nordschleife so zu erleben, ist was ganz Besonderes. Und nein, ich werde nicht mein Hobby wechseln, genau das in Fotos festzuhalten, diesen Moment mit euch zu teilen, diese Erinnerungen bildlich festzuhalten ist genau das, was ich will. Ich habe mich so gefreut, wenn ihr vorbeigefahren seid oder wir. Nun kann ich noch besser verstehen, warum Fotos von meiner Seite aus so wichtig für euch sind. Ehe ich die Seite textlich sprenge, sage ich einfach, viel Spaß beim Schauen meiner wenigen Fotos der für mich besonderen GLP 4.

Danke, Bernd Lutz dass du mich gefragt hast, dein Co-Pilot zu sein und für 10 Runden Spaß pur."

TOP 90 Gesamtwertung (101 Starter)

Platz	Name	Ort	Punkte
1	Ezaru, Harald	Bad Wildbad	1.1
1	Ezaru, Harald (Senior)	Bad Wildbad	1.1
2	Zimmer, Stefan	Blieskastel	1.1
2	Zimmer, Simon	Blieskastel	1.1
3	Göbbels, René	Eschweiler	1.2
3	Göbbels, Tina	Eschweiler	1.2
4	Derscheid, Andrea	Much	2.8
4	Derscheid, Rolf	Much	2.8
5	Schlüter, Winfried	Horstmar	3.6
5	Schlüter, Karin	Horstmar	3.6
6	Anding, Sebastian	Blaufelden	3.9
6	Philipp, Nadine	Blaufelden	3.9
7	Dedekind, Michael	Landshut	4.2
7	Meier, Sandra	Landshut	4.2
8	Ostrowski, Steven	Essen	4.2
8	Ostrowski, Jennifer	Essen	4.2
9	Bernards, Marcus	Langenfeld	5.6
9	Bernards, Kurt	Langenfeld	5.6
10	Großelanghorst, Wolfgang	Gütersloh	7.3
10	Bollweg, Josef	Dissen	7.3
11	Gödderz, Sebastian	Winkelhaid	7.4
11	Suitter, Jessica	Winkelhaid	7.4
12	Spiller, Markus	Heusweiler	7.7
12	Spiller, Michael	Heusweiler	7.7
13	Lux, Andreas	Langenberg	7.9
13	Lux, Markus	Soest	7.9
14	Radermacher, Patrick	Bonn	8.1
14	Maru, Serkan	Rheinbreitbach	8.1
15	Esser, Joachim	Titz	8.5
15	Pistel, Hans-Josef	Titz	8.5
16	von Scheid, Patrick	Pomster	8.6
16	Mombauer, Christian	Rheidt	8.6
17	Quack, Simon	Mönchengladbach	8.6
17	Abrahams, Henrik	Mönchengladbach	8.6
18	Tiedtke, Peter	Dortmund	10.4
18	Pallmann, Annette	Dortmund	10.4
19	Nowara, Stefan	Troisdorf	10.4
19	Nowara, Marion	Troisdorf	10.4
20	Theis, Jochen	Lindlar	10.6
20	Tillmanns, Julia	Remscheid	10.6
21	Marnet, Lion	Glashütten	10.7
21	Marnet, Klaus	Garmisch-Partenkirchen	10.7
22	Findt, Patrick	Katzenbach	11.3
22	Ahrens, Philipp	Budenheim	11.3

Platz	Name	Ort	Punkte
23	Datzer, Matthias	Rot am See	11.7
23	Datzer, Jürgen	Rot am See	11.7
24	Carvalho, Fabio	Flawil	12.0
24	Batista Pereira, Luka	Waldstatt	12.0
25	Dahl, Jens	Diespeck	13.5
25	Hardung, Bernd	Erlangen	13.5
26	Kaster, Karl-Alois	Nettersheim	13.9
26	Hansen, Markus	Nettersheim	13.9
27	Lutz, Bernd	Zell am Harmersbach	14.2
27	Schmidt, Tatjana	Altenkirchen	14.2
28	Eckhardt, Torsten	Dehrn	14.3
28	Caspers, Holger	Diez	14.3
29	Kreisel, Markus	Münster	14.4
29	Kreisel, Nina	Münster	14.4
30	Schumacher, Nicolai	Bonn	15.4
30	Reuther, Petra	Hennef	15.4
31	Adam, Andrea	Kaiserslautern	16.5
31	Rünger, Marcel	Kaiserslautern	16.5
32	Schwenk, Lukas	Volxheim	18.6
32	Servos, Noah	Kerpen	18.6
33	Nohles, Raphael	Wimbach	19.2
33	Nohles, Sascha	Wimbach	19.2
34	Herget, Roland	Freudenberg	19.5
34	Simon, Zara	Freudenberg	19.5
35	Peters, Eike	Kerpen	19.5
35	Schumacher, Sandra	Salzwedel	19.5
36	Will, Detlef	Wangerland	21.7
36	Anhuth, Daniel	Sundern	21.7
37	Fassbender, Wilfried	Hürth	22.8
37	Klein, Rolf	Erftstadt	22.8
38	Weiland, Ralf	Schwetzingen	22.9
38	Weiland, Nicole	Schwetzingen	22.9
39	Neske, Alexander	Ditzingen	24.6
39	Hoffmann, Nick	Herxheim	24.6
40	Hörstmann, Simon	Troisdorf	25.6
40	Falderbaum, Frank	Swisttal	25.6
41	Schneider, Heinrich	Theres	28.0
41	Dr. Dr. Schneider, Michael	Dormagen	28.0
42	Tovote, Sascha	Düsseldorf	28.3
42	Eckel, Felix	Greimersburg	28.3
43	Berres, Axel	Mainz	28.5
43	Derr, Sascha	Wiesbaden	28.5
44	Esser, Manuel	Titz	29.4
44	Breuer, Philipp	Titz	29.4
45	Kuhl, Thomas	Prüm	29.5
45	Wagner, Frank	Kyllburg	29.5

Platz	Name	Ort	Punkte
46	Weiß, Dirk	Usingen/Ts.	30.0
46	Hoffmann, Nico	Kaltenholzhausen	30.0
47	Paslick, Stefan	Wettringen	31.8
47	Paslick, Daniel	Neuenkirchen	31.8
48	Niemann, Dieter	Bocholt	32.2
48	Pols, Ludwig	Hamminkeln	32.2
49	Rodig, Stefan	Rellingen	32.8
49	Rodig, Andrea	Rellingen	32.8
50	Schalldach, Tim	Münster	33.9
50	Hagel, Andre	Apfingen	33.9
51	Strehl, Pascal	Kerpen	34.5
51	Vogt, Ingo	Titz	34.5
52	Notzon, Andreas	Morscheid	35.8
52	Lachotta, Christian	Trierweiler	35.8
53	Friedrich, Roger	Wuppertal	36.1
53	Steinbach, Andre	Sankt Augustin	36.1
54	Willmann, Karl-Heinz	Köln	38.4
54	Willmann, Till	Köln	38.4
55	Scheffel, Thomas	Siershahn	42.7
55	Scheffel, Tim	Siershahn	42.7
56	Lehmann, Marc	Jülich	43.5
56	Lehmann, Kerstin	Jülich	43.5
57	Günter, Marc	Baiersbronn	49.1
57	Günter, Sven	Baiersbronn-Obertal	49.1
58	Braun, Hubert	Aachen	49.2
58	Konrath, Bernd	Aachen	49.2
59	Buderath, Marc	Linnich	49.8
59	Nacken, Nina	Herzogenrath	49.8
60	Schwenzer, Niklas	Weilmünster	49.9
60	Schwenzer, Thomas	Weilmünster	49.9
61	Steinbrück-Weiß, Jutta	Usingen/Ts.	50.6
61	Georgi, Robert	Friedberg/Hessen	50.6
62	Balzer, Michael	Metmann	52.9
62	Hagmuller, Niklas	Sankt Florian	52.9
63	Doerfert, Carsten	Bonn	55.4
63	Hostert, Markus	Rech	55.4
64	Overbeck, Thomas	Tönisvorst	57.1
64	Reichle, Uwe	Recke	57.1
65	Steil, Christopher	Eppelborn	57.4
65	Birster, Jannik	Eppelborn	57.4
66	Maute, Harald	Offenburg	67.9
66	Schweigler, Dirk	March	67.9
67	Pieper, Markus	Schwelm	69.8
67	Ferk, Bojan	Gevelsberg	69.8
68	Römer, Ralf Volker	Bottrop	73.2
68	Römer, Alexander Ralf	Bottrop	73.2

Platz	Name	Ort	Punkte
69	Fos, Kevin	Burscheid	76.1
69	Hentschel, Steffi	Niederkassel	76.1
70	Grassmann, Christian sen.	Obertraubling	80.7
70	Grassmann, Christian jun.	Obertraubling	80.7
71	Schwenk, Mike	Volxheim	86.8
71	Schwenk, Tim	Volxheim	86.8
72	Chalee, Prasopchai	Moers	99.5
72	Müller, Carsten	Eschweiler	99.5
73	Peckel, Michael	Issum	101.0
73	Klingel, Herbert	Oberhausen	101.0
74	Hein, Christian	Stuttgart	103.1
74	Kühn, Victor	Aspach	103.1
75	Markl, Michael	Mühlheim	104.5
75	Markl, Madeline	Rottweil	104.5
76	Lodde, Michael	Münster	110.7
76	Reher, Ralf	Münster	110.7
77	Heidemann, Tim	Oberhausen	134.0
77	Kickum, Marvin	Bottrop	134.0
78	Mellentin, Falk	Mönchengladbach	137.5
78	Mellentin, Monika	Mönchengladbach	137.5
79	Restle, Uli	Rottenburg	173.4
79	Raidt, Hans-Dieter	Rottenburg	173.4
80	Striebich, Michael	Bonn	180.1
80	Striebich, Lukas	Hofheim	180.1
81	Gierlich, Patrick	Rheinbach	255.0
81	Schreiber, Ralf	Schleiden	255.0
82	Rinsch, Thomas	Hürth	256.6
82	Hinskes, Jan Luca	Krefeld	256.6
83	Westerich, Roman	Siebenbach	346.9
83	Kurth, David	Bad Münstereifel	346.9
84	Vogel, Florian	Delmenhorst	370.3
84	Risteski, Irinej	Windisch	370.3
85	Rodrigues, Dany	Mertzig / LUX	732.8
85	Sieber, Walter	Widnau / CH	732.8
86	Schlegel, Eric	Großheubach	1003.0
86	Handa, Christian	Eichenbühl	1003.0
87	Stehli, Christian	Wittenbach/Schweiz	1596.0
87	Seggewiss, Maik	Bocholt	1596.0
88	Koenzen, Uwe	Hilden	1868.5
88	Rotenberger, Jan	Hilden	1868.5
89	Uebbing, Klaus	Bocholt	2246.5
89	Heidtkamp, Nico	Rhede	2246.5
90	Höing, Luis	Hamminkeln	5568.4
90	Höing, Emma	Hamminkeln	5568.4

Top20 Rookiewertung (29 Starter)

Platz	Name	Ort	Punkte
1	Zimmer, Stefan	Blieskastel	1.1
1	Zimmer, Simon	Blieskastel	1.1
2	Lux, Andreas	Langenberg	7.9
2	Lux, Markus	Soest	7.9
3	Radermacher, Patrick	Bonn	8.1
3	Maru, Serkan	Rheinbreitbach	8.1
4	Peters, Eike	Kerpen	19.5
4	Schumacher, Sandra	Salzwedel	19.5
5	Neske, Alexander	Ditzingen	24.6
5	Hoffmann, Nick	Herxheim	24.6
6	Niemann, Dieter	Bocholt	32.2
6	Pols, Ludwig	Hamminkeln	32.2
7	Rodig, Stefan	Rellingen	32.8
7	Rodig, Andrea	Rellingen	32.8
8	Schalldach, Tim	Münster	33.9
8	Hagel, Andre	Apfingen	33.9
9	Strehl, Pascal	Kerpen	34.5
9	Vogt, Ingo	Titz	34.5
10	Scheffel, Thomas	Siershahn	42.7
10	Scheffel, Tim	Siershahn	42.7
11	Buderath, Marc	Linnich	49.8
11	Nacken, Nina	Herzogenrath	49.8
12	Schwenzer, Niklas	Weilmünster	49.9
12	Schwenzer, Thomas	Weilmünster	49.9
13	Balzer, Michael	Metmann	52.9
13	Hagmuller, Niklas	Sankt Florian	52.9
14	Steil, Christopher	Eppelborn	57.4
14	Birster, Jannik	Eppelborn	57.4
15	Maute, Harald	Offenburg	67.9
15	Schweigler, Dirk	March	67.9
16	Pieper, Markus	Schwelm	69.8
16	Ferk, Bojan	Gevelsberg	69.8
17	Fos, Kevin	Burscheid	76.1
17	Hentschel, Steffi	Niederkassel	76.1
18	Chalee, Prasopchai	Moers	99.5
18	Müller, Carsten	Eschweiler	99.5
19	Hein, Christian	Stuttgart	103.1
19	Kühn, Victor	Aspach	103.1
20	Heidemann, Tim	Oberhausen	134.0
20	Kickum, Marvin	Bottrop	134.0

Mannschaftswertung (5 Teams)

1	**Team „Null Runde"**	**28,71**
	Ezaru / Ezaru	
	Schlüter / Schlüter	
	Dedekind / Meier	
	Großelanghorst / Bollweg	
	Mellentin /Mellentin	
2	**MSC Wahlscheid e.V.**	**27,32**
	Göbbels / Göbbels	
	Derscheid / Derscheid	
	Theis / Tillmans	
	Vosen / Vosen	
3	**„Die Ü30er"**	**24,76**
	Ostrowski / Ostrowski	
	Bernards / Bernards	
	Will / Anhuth	
4	**AT Esser**	**19,10**
	Esser / Pistel	
	Esser / Breuer	
	Strehl / Vogt	
	Buderath / Nacken	
5	**AT Esser**	**15,05**
	Herget / Simon	
	Fassbender / Klein	
	Striebich / Striebich	

GLP Top 50 Jahreswertung nach dem 4. Lauf

Platz	Name	1.Lf	2.Lf	3.Lf	4.Lf	5.Lf	6.Lf	JW
1	Ezaru, Harald - Bad Wildbad	9,81	9,82	9,91	9,90			39,44
1	Ezaru, Harald (Senior) - Bad Wildbad	9,81	9,82	9,91	9,90			39,44
2	Göbbels, René - Eschweiler	9,71	9,55	9,82	9,70			38,78
2	Göbbels, Tina - Eschweiler	9,71	9,55	9,82	9,70			38,78
3	Ostrowski, Steven - Essen	9,90	9,64	9,37	9,21			38,12
3	Ostrowski, Jennifer - Essen	9,90	9,64	9,37	9,21			38,12
4	Derscheid, Andrea - Much	8,74	9,38	9,01	9,60			36,73
4	Derscheid, Rolf - Much	8,74	9,38	9,01	9,60			36,73
5	Dedekind, Michael - Landshut	7,48	9,91	9,64	9,31			36,34
5	Meier, Sandra - Landshut	7,48	9,91	9,64	9,31			36,34
6	Spiller, Markus - Heusweiler	9,51	8,93	8,92	8,81			36,17
6	Spiller, Michael - Heusweiler	9,51	8,93	8,92	8,81			36,17
7	Lux, Andreas - Langenberg	9,13	9,46	8,47	8,71			35,77
8	Zimmer, Stefan - Blieskastel	8,25	9,29	8,02	9,80			35,36
8	Zimmer, Simon - Blieskastel	8,25	9,29	8,02	9,80			35,36
9	Gödderz, Sebastian - Winkelhaid	7,77	8,66	9,19	8,91			34,53
9	Suitter, Jessica - Winkelhaid	7,77	8,66	9,19	8,91			34,53
10	Nowara, Stefan - Troisdorf	9,03	6,43	8,56	8,12			32,14
11	Marnet, Lion - Glashütten	8,35	8,13	6,76	7,92			31,16
11	Marnet, Klaus - Garm.-Partenkirchen	8,35	8,13	6,76	7,92			31,16
12	Dahl, Jens - Diespeck	6,70	7,86	8,83	7,52			30,91
13	Kaster, Karl-Alois - Nettersheim	7,28	7,50	8,11	7,43			30,32
13	Hansen, Markus - Nettersheim	7,28	7,50	8,11	7,43			30,32
14	Adam, Andrea - Kaiserslautern	6,41	7,77	7,12	6,93			28,23
14	Rünger, Marcel - Kaiserslautern	6,41	7,77	7,12	6,93			28,23
15	Goroll, Paul - Waltenhofen	9,61	8,84	9,55	DNC			28,00
16	Lehmann, Marc - Jülich	7,86	8,30	7,30	4,46			27,92
16	Lehmann, Kerstin - Jülich	7,86	8,30	7,30	4,46			27,92
17	Lux, Markus - Soest	9,13	9,46	DNS	8,71			27,30
18	Paslick, Stefan - Wettringen	7,67	7,41	6,58	5,35			27,01
19	Petzold, Ralph - Wallerfangen	8,45	8,57	9,73	DNS			26,75
20	Radermacher, Patrick - Bonn	4,95	6,16	6,94	8,61			26,66
20	Maru, Serkan - Rheinbreitbach	4,95	6,16	6,94	8,61			26,66
21	Quack, Simon - Mönchengladbach	8,93	DNS	9,28	8,32			26,53
21	Abrahams, Henrik - M.-Gladbach	8,93	DNS	9,28	8,32			26,53
22	Berres, Axel - Mainz	6,89	6,07	7,48	5,74			26,18
23	Schumacher, Nicolai - Bonn	7,09	5,18	6,04	7,03			25,34
23	Reuther, Petra - Hennef	7,09	5,18	6,04	7,03			25,34

Platz	Name	1.Lf	2.Lf	3.Lf	4.Lf	5.Lf	6.Lf	JW
24	Carvalho, Fabio - Flawil	5,05	8,04	4,59	7,62			25,30
24	Batista Pereira, Luka - Waldstatt	5,05	8,04	4,59	7,62			25,30
25	Esser, Joachim - Titz	8,64	DNS	7,93	8,51			25,08
25	Pistel, Hans-Josef - Titz	8,64	DNS	7,93	8,51			25,08
26	Kuhl, Thomas - Prüm	5,92	6,79	6,67	5,54			24,92
27	Findt, Patrick - Katzenbach	9,42	DNS	7,66	7,82			24,90
27	Ahrens, Philipp - Budenheim	9,42	DNS	7,66	7,82			24,90
28	Rombach, Markus - Jülich	8,06	7,95	8,65	DNS			24,66
29	Schlüter, Winfried - Horstmar	1,94	9,20	3,87	9,50			24,51
30	Hörstmann, Simon - Troisdorf	6,02	6,61	5,77	6,04			24,44
30	Falderbaum, Frank - Swisttal	6,02	6,61	5,77	6,04			24,44
31	von Scheid, Patrick - Pomster	8,83	7,14	DNS	8,42			24,39
32	Nohles, Raphael - Wimbach	5,24	5,89	6,49	6,73			24,35
32	Nohles, Sascha - Wimbach	5,24	5,89	6,49	6,73			24,35
33	Fassbender, Wilfried - Hürth	7,57	5,27	5,14	6,34			24,32
33	Klein, Rolf - Erftstadt	7,57	5,27	5,14	6,34			24,32
34	Markl, Michael - Mühlheim	7,38	8,21	5,95	2,57			24,11
34	Markl, Madeline - Rottweil	7,38	8,21	5,95	2,57			24,11
35	Datzer, Matthias - Rot am See	3,30	5,54	7,03	7,72			23,59
35	Datzer, Jürgen - Rot am See	3,30	5,54	7,03	7,72			23,59
36	Nowara, Marion - Troisdorf	9,03	6,43	DNS	8,12			23,58
37	Schlüter, Karin - Horstmar	DNS	9,20	3,87	9,50			22,57
38	Paslick, Daniel - Neuenkirchen	2,52	7,41	7,21	5,35			22,49
39	Scholl, Guido - Köln	8,16	7,59	5,86	DNS			21,61
40	Tiedtke, Peter - Dortmund	6,99	DNS	6,31	8,22			21,52
40	Pallmann, Annette - Dortmund	6,99	DNS	6,31	8,22			21,52
41	Will, Detlef - Wangerland	DNS	8,39	6,22	6,44			21,05
41	Anhuth, Daniel - Sundern	DNS	8,39	6,22	6,44			21,05
42	Notzon, Andreas - Morscheid	DNS	7,05	8,74	4,85			20,64
42	Lachotta, Christian - Trierweiler	DNS	7,05	8,74	4,85			20,64
43	Esser, Manuel - Titz	5,83	DNS	9,10	5,64			20,57
44	Kreisel, Markus - Münster	3,79	4,29	5,32	7,13			20,53
44	Kreisel, Nina - Münster	3,79	4,29	5,32	7,13			20,53
45	Mellentin, Falk - M.-Gladbach	DNC	9,73	8,20	2,28			20,21
45	Mellentin, Monika - M.-Gladbach	DNC	9,73	8,20	2,28			20,21
46	Braun, Hubert - Aachen	6,50	4,02	4,77	4,26			19,55
47	Paslick, Christian - Wettringen	7,67	5,09	6,58	DNS			19,34
48	Anding, Sebastian - Blaufelden	9,32	DNS	DNS	9,41			18,73
49	Schlagenhaufen, Chr. - Krumbach	9,61	8,84	DNS	DNC			18,45
50	Kühn, Justine - Tholey	DNS	8,57	9,73	DNS			18,30

(Noch ohne Berücksichtigung der Streichresultate!)

5. GLP-Lauf „Rhein-Sieg" (31.08.2024)

Die Mischung macht's!
Vierter Sieger im
fünften GLP Lauf

Vor dem fünften RCN GLP Lauf der Saison 2024, der GLP „Rhein Sieg" der MIG 7 im ADAC, hatten drei Fahrer-Teams in der Gesamtwertung bereits über 38 Punkten eingefahren: auf P3 Steven und Jennifer Ostrowski (38,12 Punkte), auf P2 Renè und Tina Göbbels (38,78 Punkte) und mit 39,44 Punkten ganz vorn, die Favoriten Harald Ezaru und Harald Ezaru Senior. Trotzdem ist die Gesamtwertung noch nicht entschieden, denn es werden insgesamt sieben Wertungsläufe ausgetragen und auch ein Streichresultat kann noch erheblichen Einfluss auf die Platzierung nehmen. Es gilt also bis zum Finale Punkte zu sammeln.

Als Jürgen Seidel den Start zur Gleichmäßigkeitsprüfung „Rhein-Sieg" um 08:05 Uhr fast pünktlich freigab, lagen noch vereinzelte Nebelschwaden über dem Start- und Zielbereich des Nürburgrings. 98 „normale" Teilnehmerteams zuzüglich fünf E-Fahrzeuge, größtenteils aus der Elektro Effizienz-Challenge (EEC), schickte GLP Fahrtleiter Seidel dann aber reibungslos auf die traditionelle Eifelrennstrecke.

Schon nach kurzer Zeit lichtete sich der Nebel, die Sonne löste die Wolken auf und die Ideallinie trocknete ab. Nun herrschte ideales Nordschleifen Wetter, was sich auch in der niedrigen Anzahl der Ausfälle zeigte.

Im Ziel, nach zehn Runden, wurden Cedric Ultes und Laura Lazzaroti-Ultes auf dem 10. Platz gewertet. Mit ihrem Mazda RX5 sammelten die beiden Niersteiner insgesamt 6,4 Fehlerpunkte (1,7/1,5/0,4/2,8) ein.

Die Differenz zwischen Plätzen 9, 8 und 7 betrug jeweils nur die Winzigkeit von 0,1 Zählern. P9 ging mit 5,1 Punkten (0,4/0,9/2,0/1,8) an Mathias Richling (Wimbach) und Patrick von Scheid (Pomster) im Toyota GT. Den achten Platz sicherten sich mit 5,0 Punkten (1,7/1,7/1,5/0,1) Steven und Jennifer Ostrowski aus Essen im AMG Mercedes. 4,9 Fehlerpunkte (0,8/1,6/1,1/1,4) reichten Stefan und Simon Zimmer (Blieskastel, BMW 318 ti) für den guten siebten Platz.

Unter der Bewerbung des MSC Mühlheim im ADAC gingen Marc Buderath (Linnich) und Nina Nacken (Herzogenrath) mit ihrem Renault Megan an den Start. Mit 4,6 Punkten (0,3/0,9/2,0/1,4) wurden sie im Ziel auf P6 gewertet.

Es geht derzeit äußerst knapp zu in der GLP. Auch P5 lag nur 0,1 Fehlerpunkte vor P6. In der Addition reichten 4,5 Punkte (2,3/0,5/0,1/1,6) Paul Goroll (Waltenhofen) und Christoph Schlangenhaufen (Krumbach) im Ford Fiesta zum fünften Platz.

Auf den Plätzen vier und drei platzierten sich zwei Teams des MSC Wahlscheid im ADAC. Mit 4,1 Punkten (2,3/0,4/0,1/1,3) belegten Renè und Tina Göbbels (Eschweiler), die sich bisher in dieser Saison mit ihrem VW Golf 1 immer unter den Top-5 etablieren konnten, diesmal den guten vierten Platz. Platz drei sicherten sich mit 3,6 Punkten (0,2/1,6/1,7/0,1) Andrea und Rolf Derscheid (Much) mit ihrem Opel Corsa A.

Harald und Harald Ezaru Senior können schon jetzt auf eine starke Saison zurückblicken. Nach zwei zweiten Plätzen in den ersten beiden Läufen folgten jeweils ein Tagessieg bei den GLPs Nr. 3 und Nr. 4. Mit dem zweiten Platz

und 0,8 Punkten (0,0/0,2/0,1/0,5) im aktuellen Lauf unterstreichen die beiden BMW 330ci Fahrer aus Bad Wildbad ihre Ambitionen im Titelkampf in der GLP Saison 2024.

Den Sieg bei der GLP „Rhein-Sieg" fuhren überraschend, aber hochverdient Falk und Monika Mellentin für den DAMC 05 ein. Im Ziel zeigte die Ergebnisliste lediglich 0,5 Fehlerpunkte (0,2/0,0/0,1/0,2) für die beiden Mönchengladbacher im BMW 318 ti an. Entsprechend groß war die Freude bei Falk und Monika Mellentin sowie beim Düsseldorfer Automobil- und Motorsport-Club 05 im ADAC.

In der Rookie-Wertung waren diesmal 34 Teams am Start. Der Sieg in der Sonderwertung ging an Marc Buderath und Nina Nacken, die sich auch in der Gesamtwertung den guten sechsten Platz erkämpften. Auf P2 der Rookie-Wertung folgten Stefan und Simon Zimmer, die in der Gesamtwertung auf dem siebten Platz geführt wurden.

Das Team „Null Runde" (Mellentin/Mellentin, Ezaru/Ezaru, Dedekind/Meier, Großelanghorst/Bollweg und Schlüter/Schlüter) dominierte mit 28,37 Punkten die Mannschaftswertung und gewann verdient den Mannschaftspokal. Ihnen folgte der MSC Wahlscheid (Derscheid/Derscheid, Göbbels/Göbbels und Vosen/Vosen) mit 26,12 Punkten vor AT-Esser Motorsport (Buderath/Nacken, Esser/Coenen, Esser/Pistel und Strehl/Vogt) mit 24,79 Punkten.

Der Test, der mit elektrischer Energie angetriebenen Fahrzeuge, verlief durchaus positiv. Alle fünf E-Cars erreichten das Ziel in Wertung und sind somit „nordschleifentauglich". Sieger der Green Challenge wurden Steffen Sprenger (Edermünde) und Laurin Jähn (Wolfhagen) mit 5,9 Punkten (2,0/3,1/0,8) im VW E-Golf vor Andreas Schmidbauer (München) und Joakim Löber (Mörfelden-Walldorf) im Tesla Model Y und 27,2 Punkten (15,3/11,0/0,9). P3 ging an Thomas Overbeck (Tönisforst) und Uwe Reichle (Recke), die im Renault Zoe 44,0 Punkte (23,4/7,7/12,9) einfuhren.

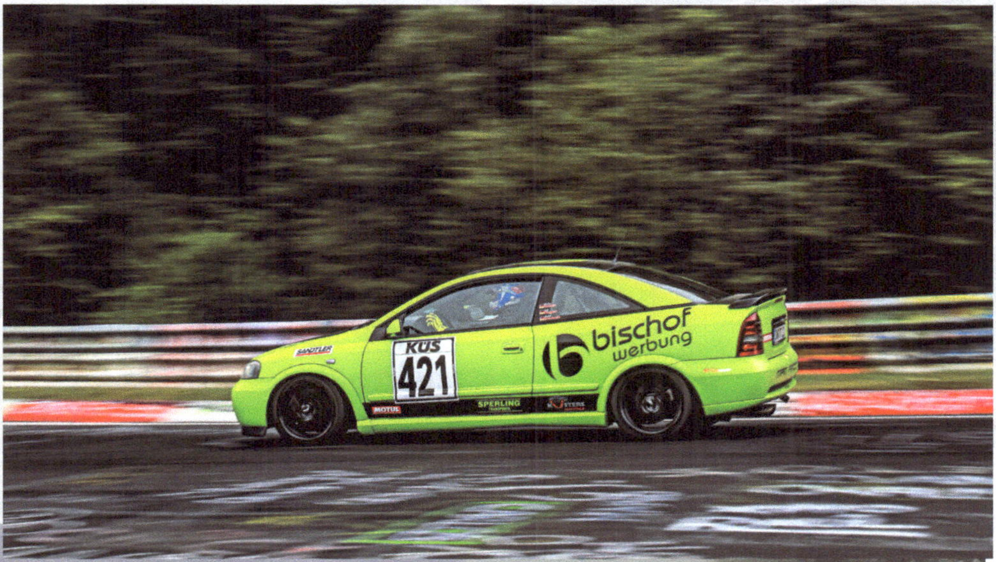
KÜS
421
bischof
werbung
MOTUL
SPERLING

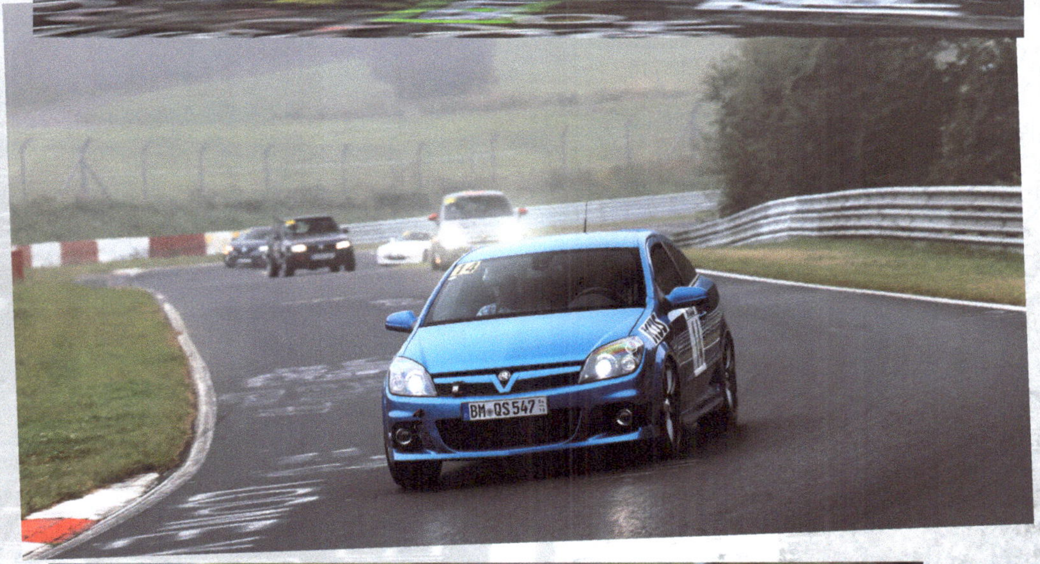
BM QS 547

GRAN TURISMO
MOTORSPORT
KORNI
PERFORMANCE
KÜS
86
SB CR 86H

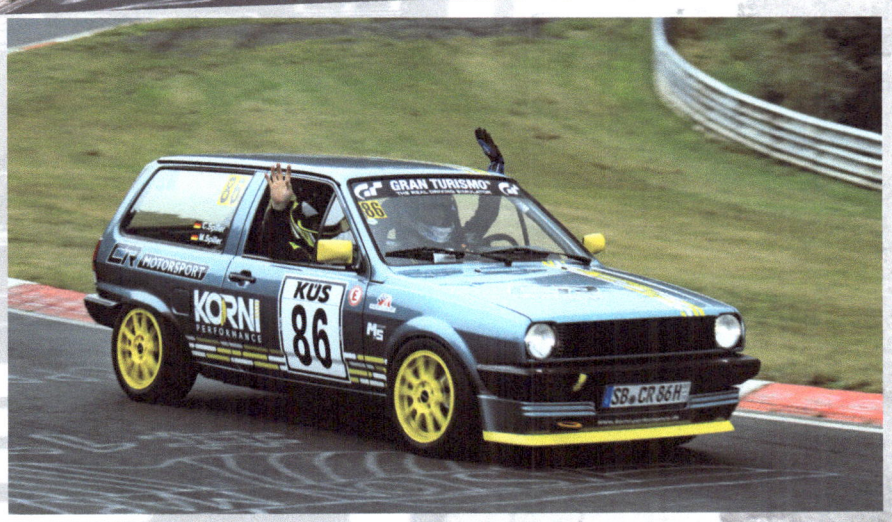

TOP80 Gesamtwertung (98 Starter)

Platz	Name	Ort	Punkte
1	Mellentin, Falk	Mönchengladbach	0.5
1	Mellentin, Monika	Mönchengladbach	0.5
2	Ezaru, Harald	Bad Wildbad	0.8
2	Ezaru, Harald (Senior)	Bad Wildbad	0.8
3	Derscheid, Andrea	Much	3.6
3	Derscheid, Rolf	Much	3.6
4	Göbbels, René	Eschweiler	4.1
4	Göbbels, Tina	Eschweiler	4.1
5	Goroll, Paul	Waltenhofen	4.5
5	Schlagenhaufen, Christoph	Krumbach	4.5
6	Buderath, Marc	Linnich	4.6
6	Nacken, Nina	Herzogenrath	4.6
7	Zimmer, Stefan	Blieskastel	4.9
7	Zimmer, Simon	Blieskastel	4.9
8	Ostrowski, Steven	Essen	5.0
8	Ostrowski, Jennifer	Essen	5.0
9	Richling, Mathias	Wimbach	5.1
9	von Scheid, Patrick	Pomster	5.1
10	Ultes, Cedric	Nierstein	6.4
10	Lazzarotti-Ultes, Laura	Nierstein	6.4
11	Dr. Labahn, Michael	Eilsdorf	7.4
11	Dr. Labahn, Antje	Eilsdorf	7.4
12	Quack, Simon	Mönchengladbach	8.0
12	Abrahams, Henrik	Mönchengladbach	8.0
13	Dedekind, Michael	Landshut	8.1
13	Meier, Sandra	Landshut	8.1
14	Spiller, Markus	Heusweiler	8.3
14	Spiller, Michael	Heusweiler	8.3
15	Dahl, Jens	Diespeck	9.0
15	Hardung, Bernd	Erlangen	9.0
16	Gödderz, Sebastian	Winkelhaid	9.1
16	Suitter, Jessica	Winkelhaid	9.1
17	Rombach, Markus	Jülich	9.2
17	Zander, Markus	Linnich	9.2
18	Esser, Manuel	Titz	9.3
18	Coenen, Nils	Titz	9.3
19	Bernards, Marcus	Langenfeld	9.7
19	Bernards, Kurt	Langenfeld	9.7
20	Hönnige, Dominik	Gauting	9.8
20	Ostler, Franziska	München	9.8
21	Tiedtke, Peter	Dortmund	10.3
21	Pallmann, Annette	Dortmund	10.3
22	Wutz, Hermann	Tegernbach	10.3
22	v. d. Heuvel, Michel	Bonn	10.3
23	Kaster, Karl-Alois	Nettersheim	10.6
23	Hansen, Markus	Nettersheim	10.6

Platz	Name	Ort	Punkte
24	Steinbrück-Weiß, Jutta	Usingen/Ts.	10.8
24	Georgi, Robert	Friedberg/Hessen	10.8
25	Lux, Andreas	Langenberg	11.0
25	Lux, Markus	Soest	11.0
26	Adam, Andrea	Kaiserslautern	11.5
26	Rünger, Marcel	Kaiserslautern	11.5
27	Esser, Joachim	Titz	12.7
27	Pistel, Hans-Josef	Titz	12.7
28	Schalldach, Tim	Münster	12.7
28	Hagel, Andre	Apfingen	12.7
29	Petzold, Ralph	Wallerfangen	12.9
29	Ahrens, Manuel	Hasborn-Dautweiler	12.9
30	Rodig, Stefan	Rellingen	13.0
30	Rodig, Andrea	Rellingen	13.0
31	Vosen, Thomas	Nümbrecht	13.8
31	Vosen, Klaus	Nümbrecht	13.8
32	Reich-Sander, Tobias	Weichs	14.1
32	Köhler, Marius	Unterföhring	14.1
33	Lehmann, Marc	Jülich	14.9
33	Lehmann, Kerstin	Jülich	14.9
34	Schwenk, Lukas	Volxheim	15.3
34	Servos, Noah	Kerpen	15.3
35	Datzer, Matthias	Rot am See	16.3
35	Datzer, Jürgen	Rot am See	16.3
36	Kreisel, Markus	Münster	17.4
36	Kreisel, Nina	Münster	17.4
37	Berres, Axel	Mainz	17.6
37	Kreckel, Peter	Hofheim	17.6
38	Sartoris, Thomas	Daun	18.2
38	Junk, Marcel	Monheim am Rhein	18.2
39	Heggen, Ralf	Jüchen - Waat	18.2
39	Steinbusch, Rene	Jülich	18.2
40	Großelanghorst, Wolfgang	Gütersloh	18.9
40	Bollweg, Josef	Dissen	18.9
41	Radermacher, Patrick	Bonn	19.0
41	Maru, Serkan	Rheinbreitbach	19.0
42	Balzer, Michael	Mettmann	19.4
42	Vogel, Florian	Delmenhorst	19.4
43	Herget, Roland	Freudenberg	20.5
43	Simon, Zara	Freudenberg	20.5
44	Reich-Sander, Markus	Weichs	22.3
44	Pergold, Julius	Unterföhring	22.3
45	Kuhl, Thomas	Prüm	27.0
45	Wagner, Frank	Kyllburg	27.0
46	Nohles, Raphael	Wimbach	27.1
46	Nohles, Sascha	Wimbach	27.1
47	Friedrich, Roger	Wuppertal	30.1
47	Proll, Ina	Frechen	30.1
48	Fassbender, Wilfried	Hürth	30.7

Platz	Name	Ort	Punkte
48	Klein, Rolf	Erftstadt	30.7
49	Römer, Alexander Ralf	Bottrop	31.0
49	Jäkel, Wolfgang	Bad Zwischenahn	31.0
50	Paslick, Daniel	Neuenkirchen	34.2
50	Hoelzke, Danny	Ochtrup	34.2
51	Eckhardt, Torsten	Dehrn	35.6
51	Caspers, Holger	Diez	35.6
52	Schwenk, Mike	Volxheim	36.4
52	Schwenk, Tim	Volxheim	36.4
53	Scheffel, Thomas	Siershahn	37.2
53	Scheffel, Tim	Siershahn	37.2
54	Niemann, Dieter	Bocholt	39.3
54	Pols, Ludwig	Hamminkeln	39.3
55	Paslick, Stefan	Wettringen	39.6
55	Krütt, Markus	Neuss	39.6
56	Braun, Hubert	Aachen	40.4
56	Schwan, Rolf	Aachen	40.4
57	Schwenzer, Niklas	Weilmünster	45.6
57	Schwenzer, Thomas	Weilmünster	45.6
58	Schneider, Heinrich	Theres	47.1
58	Dr. Dr. Schneider, Michael	Bad Honnef	47.1
59	Schild, Christian	Meerbusch	49.4
59	Jung, Markus	Horhausen- Westerwald	49.4
60	Müller, Carsten	Eschweiler	51.8
60	Chalee, Prasopchai	Moers	51.8
61	Neske, Alexander	Ditzingen	54.6
61	Ozzeybek, Özgür	Stuttgart	54.6
62	Drötboom, Niklas	Rommerskirchen	55.8
62	Drötboom, Michael	Rommerskirchen	55.8
63	Marnet, Lion	Glashütten	58.3
63	Marnet, Klaus	Garmisch-Partenkirchen	58.3
64	Brauer, Daniel	Moers	58.3
64	Brauer, Uwe	Moers	58.3
65	Lodde, Michael	Münster	61.3
65	Reher, Ralf	Münster	61.3
66	Willmann, Karl-Heinz	Köln	76.5
66	Willmann, Till	Köln	76.5
67	Kempe, Michael	Weichs	82.2
67	Reich-Sander, Udo	Dachau	82.2
68	Pelzl, Frederik Julius	Chieming	82.2
68	Pelzl, Manfred	Großkarolinenfeld	82.2
69	Strehl, Pascal	Kerpen	96.8
69	Vogt, Ingo	Titz	96.8
70	Paslick, Christian	Wettringen	97.5
70	Paslick, Emely	Laer	97.5
71	Fos, Kevin	Burscheid	106.8
71	Fos, Daniel	Bergisch Gladbach	106.8
72	Sölch, Lennard	Gernlinden	107.8
72	Tiepolt, Marcel	Olching	107.8

Platz	Name	Ort	Punkte
73	Restle, Uli	Rottenburg	107.9
73	Elfes, Joachim	Neckartenzlingen	107.9
74	Striebich, Michael	Bonn	110.6
74	Striebich, Lukas	Hofheim	110.6
75	Bußmann, Andre	Remscheid	145.1
75	Heisig, Konstantin	Sankt Augustin	145.1
76	Schlüter, Winfried	Horstmar	179.3
76	Schlüter, Karin	Horstmar	179.3
77	Weiland, Ralf	Schwetzingen	207.2
77	Weiland, Nicole	Schwetzingen	207.2
78	Böhmer-Wöll, Alexandra	Bendorf	444.4
78	Wöll, Thomas	Bendorf	444.4
79	Sackenheim, Klaus	Koblenz	565.1
79	Roth-Sackenheim, Christa	Koblenz	565.1
80	Fest, Martin	Erdweg	1093.0
80	Seidl, Lorenz Adolf	Jetzendorf	1093.0

TOP5 RCN Green Challenge (5 Starter)

Platz	Name	Ort	Punkte
1	Sprenger, Steffen	Edermünde	5.9
1	Jähn, Laurin	Wolfhagen	5.9
2	Schmidbauer, Andreas	München	27.2
2	Löber, Joakim	Mörfelden-Walldorf	27.2
3	Overbeck, Thomas	Tönisvorst	44.0
3	Reichle, Uwe	Recke	44.0
4	Doleschel, Andre	Weidenberg	91.4
4	Gallinnis, Harald Herbert	Garbsen	91.4
5	Laudy, Pierre	Edermünde	824.4
5	Krebs, Matthias	Schauenburg	824.4

Top20 Rookiewertung (34 Starter)

Platz	Name	Ort	Punkte
1	Buderath, Marc	Linnich	4.6
1	Nacken, Nina	Herzogenrath	4.6
2	Zimmer, Stefan	Blieskastel	4.9
2	Zimmer, Simon	Blieskastel	4.9
3	Hönnige, Dominik	Gauting	9.8
3	Ostler, Franziska	München	9.8
4	Lux, Andreas	Langenberg	11.0
4	Lux, Markus	Soest	11.0
5	Schalldach, Tim	Münster	12.7
5	Hagel, Andre	Apfingen	12.7
6	Rodig, Stefan	Rellingen	13.0
6	Rodig, Andrea	Rellingen	13.0
7	Reich-Sander, Tobias	Weichs	14.1
7	Köhler, Marius	Unterföhring	14.1
8	Sartoris, Thomas	Daun	18.2
8	Junk, Marcel	Monheim am Rhein	18.2
9	Radermacher, Patrick	Bonn	19.0
9	Maru, Serkan	Rheinbreitbach	19.0
10	Balzer, Michael	Mettmann	19.4
10	Vogel, Florian	Delmenhorst	19.4
11	Reich-Sander, Markus	Weichs	22.3
11	Pergold, Julius	Unterföhring	22.3
12	Scheffel, Thomas	Siershahn	37.2
12	Scheffel, Tim	Siershahn	37.2
13	Niemann, Dieter	Bocholt	39.3
13	Pols, Ludwig	Hamminkeln	39.3
14	Schwenzer, Niklas	Weilmünster	45.6
14	Schwenzer, Thomas	Weilmünster	45.6
15	Müller, Carsten	Eschweiler	51.8
15	Chalee, Prasopchai	Moers	51.8
16	Neske, Alexander	Ditzingen	54.6
16	Ozzeybek, Özgür	Stuttgart	54.6
17	Drötboom, Niklas	Rommerskirchen	55.8
17	Drötboom, Michael	Rommerskirchen	55.8
18	Brauer, Daniel	Moers	58.3
18	Brauer, Uwe	Moers	58.3
19	Pelzl, Frederik Julius	Chieming	82.2
19	Pelzl, Manfred	Großkarolinenfeld	82.2
20	Strehl, Pascal	Kerpen	96.8
20	Vogt, Ingo	Titz	96.8

Mannschaftswertung (4 Teams)

1   Team „Null Runde"   **28,37**
Mellentin / Mellentin
Ezaru / Ezaru
Dedekind / Meier
Großelanghorst / Bollweg
Schlüter / Schlüter

2   MSC Wahlscheid im ADAC   **26,12**
Derscheid / Derscheid
Göbbels / Göbels
Vosen / Vosen

3   AT-Esser-Motorsport   **24,79**
Buderath / Nacken
Esser / Coenen
Esser / Pistel
Strehl / Vogt

5   Scuderia Augustusburg-Brühl im ADAC   **13,16**
Herget / Simon
Fassbender / Klein
Striebich / Striebich
Zimmermann / Bathen

GLP Top 50 Jahreswertung nach dem 5. Lauf

Platz	Name	1.Lf	2.Lf	3.Lf	4.Lf	5.Lf	6.Lf	JW
1	Ezaru, Harald - Bad Wildbad	9,81	9,82	9,91	9,90	9,80		49,24
1	Ezaru, Harald (Sen.) - Bad Wildbad	9,81	9,82	9,91	9,90	9,80		49,24
2	Göbbels, René - Eschweiler	9,71	9,55	9,82	9,70	9,59		48,37
2	Göbbels, Tina - Eschweiler	9,71	9,55	9,82	9,70	9,59		48,37
3	Ostrowski, Steven - Essen	9,90	9,64	9,37	9,21	9,18		47,30
3	Ostrowski, Jennifer - Essen	9,90	9,64	9,37	9,21	9,18		47,30
4	Derscheid, Andrea - Much	8,74	9,38	9,01	9,60	9,69		46,42
4	Derscheid, Rolf - Much	8,74	9,38	9,01	9,60	9,69		46,42
5	Dedekind, Michael - Landshut	7,48	9,91	9,64	9,31	8,67		45,01
5	Meier, Sandra - Landshut	7,48	9,91	9,64	9,31	8,67		45,01
6	Spiller, Markus - Heusweiler	9,51	8,93	8,92	8,81	8,57		44,74
6	Spiller, Michael - Heusweiler	9,51	8,93	8,92	8,81	8,57		44,74
7	Zimmer, Stefan - Blieskastel	8,25	9,29	8,02	9,80	9,29		44,65
7	Zimmer, Simon - Blieskastel	8,25	9,29	8,02	9,80	9,29		44,65
8	Lux, Andreas - Langenberg	9,13	9,46	8,47	8,71	7,45		43,22
9	Gödderz, Sebastian - Winkelhaid	7,77	8,66	9,19	8,91	8,37		42,90
9	Suitter, Jessica - Winkelhaid	7,77	8,66	9,19	8,91	8,37		42,90
10	Dahl, Jens - Diespeck	6,70	7,86	8,83	7,52	8,47		39,38
11	Kaster, Karl-Alois - Nettersheim	7,28	7,50	8,11	7,43	7,65		37,97
11	Hansen, Markus - Nettersheim	7,28	7,50	8,11	7,43	7,65		37,97
12	Goroll, Paul - Waltenhofen	9,61	8,84	9,55	DNC	9,49		37,49
13	Adam, Andrea - Kaiserslautern	6,41	7,77	7,12	6,93	7,35		35,58
13	Rünger, Marcel - Kaiserslautern	6,41	7,77	7,12	6,93	7,35		35,58
14	Quack, Simon - Mönchengladbach	8,93	DNS	9,28	8,32	8,78		35,31
14	Abrahams, Henrik - Mönchengladb.	8,93	DNS	9,28	8,32	8,78		35,31
15	Lux, Markus - Soest	9,13	9,46	DNS	8,71	7,45		34,75
16	Marnet, Lion - Glashütten	8,35	8,13	6,76	7,92	3,57		34,73
16	Marnet, Klaus - Gar.-Partenkirchen	8,35	8,13	6,76	7,92	3,57		34,73
17	Lehmann, Marc - Jülich	7,86	8,30	7,30	4,46	6,63		34,55
17	Lehmann, Kerstin - Jülich	7,86	8,30	7,30	4,46	6,63		34,55
18	Petzold, Ralph - Wallerfangen	8,45	8,57	9,73	DNS	7,04		33,79
19	von Scheid, Patrick - Pomster	8,83	7,14	DNS	8,42	9,08		33,47
20	Rombach, Markus - Jülich	8,06	7,95	8,65	DNS	8,27		32,93
21	Radermacher, Patrick - Bonn	4,95	6,16	6,94	8,61	5,82		32,48
21	Maru, Serkan - Rheinbreitbach	4,95	6,16	6,94	8,61	5,82		32,48
22	Berres, Axel - Mainz	6,89	6,07	7,48	5,74	6,22		32,40
23	Esser, Joachim - Titz	8,64	DNS	7,93	8,51	7,24		32,32
23	Pistel, Hans-Josef - Titz	8,64	DNS	7,93	8,51	7,24		32,32

Platz	Name	1.Lf	2.Lf	3.Lf	4.Lf	5.Lf	6.Lf	JW
24	Nowara, Stefan - Troisdorf	9,03	6,43	8,56	8,12	DNC		32,14
25	Paslick, Stefan - Wettringen	7,67	7,41	6,58	5,35	4,39		31,40
26	Kuhl, Thomas - Prüm	5,92	6,79	6,67	5,54	5,41		30,33
27	Mellentin, Falk - Mönchengladbach	DNC	9,73	8,20	2,28	9,90		30,11
27	Mellentin, Monika - Mönchengladb.	DNC	9,73	8,20	2,28	9,90		30,11
28	Datzer, Matthias - Rot am See	3,30	5,54	7,03	7,72	6,43		30,02
28	Datzer, Jürgen - Rot am See	3,30	5,54	7,03	7,72	6,43		30,02
29	Nohles, Raphael - Wimbach	5,24	5,89	6,49	6,73	5,31		29,66
29	Nohles, Sascha - Wimbach	5,24	5,89	6,49	6,73	5,31		29,66
30	Fassbender, Wilfried - Hürth	7,57	5,27	5,14	6,34	5,10		29,42
30	Klein, Rolf - Erftstadt	7,57	5,27	5,14	6,34	5,10		29,42
31	Tiedtke, Peter - Dortmund	6,99	DNS	6,31	8,22	7,86		29,38
31	Pallmann, Annette - Dortmund	6,99	DNS	6,31	8,22	7,86		29,38
32	Esser, Manuel - Titz	5,83	DNS	9,10	5,64	8,16		28,73
33	Schlagenhaufen, Chr. - Krumbach	9,61	8,84	DNS	DNC	9,49		27,94
34	Paslick, Daniel - Neuenkirchen	2,52	7,41	7,21	5,35	4,90		27,39
35	Kreisel, Markus - Münster	3,79	4,29	5,32	7,13	6,33		26,86
35	Kreisel, Nina - Münster	3,79	4,29	5,32	7,13	6,33		26,86
36	Schlüter, Winfried - Horstmar	1,94	9,20	3,87	9,50	2,24		26,75
37	Schumacher, Nicolai - Bonn	7,09	5,18	6,04	7,03	DNS		25,34
37	Reuther, Petra - Hennef	7,09	5,18	6,04	7,03	DNS		25,34
38	Carvalho, Fabio - Flawil	5,05	8,04	4,59	7,62	DNS		25,30
38	Batista Pereira, Luka - Waldstatt	5,05	8,04	4,59	7,62	DNS		25,30
39	Richling, Mathias - Wimbach	8,83	7,14	DNS	DNS	9,08		25,05
40	Findt, Patrick - Katzenbach	9,42	DNS	7,66	7,82	DNS		24,90
40	Ahrens, Philipp - Budenheim	9,42	DNS	7,66	7,82	DNS		24,90
41	Hardung, Bernd - Erlangen	DNS	DNS	8,83	7,52	8,47		24,82
42	Schlüter, Karin - Horstmar	DNS	9,20	3,87	9,50	2,24		24,81
43	Hörstmann, Simon - Troisdorf	6,02	6,61	5,77	6,04	DNS		24,44
43	Falderbaum, Frank - Swisttal	6,02	6,61	5,77	6,04	DNS		24,44
44	Markl, Michael - Mühlheim	7,38	8,21	5,95	2,57	DNS		24,11
44	Markl, Madeline - Rottweil	7,38	8,21	5,95	2,57	DNS		24,11
45	Braun, Hubert - Aachen	6,50	4,02	4,77	4,26	4,29		23,84
46	Vosen, Thomas - Nümbrecht	DNS	9,11	7,84	DNC	6,84		23,79
46	Vosen, Klaus - Nümbrecht	DNS	9,11	7,84	DNC	6,84		23,79
47	Nowara, Marion - Troisdorf	9,03	6,43	DNS	8,12	DNC		23,58
48	Wagner, Frank - Kyllburg	5,92	DNS	6,67	5,54	5,41		23,54
49	Friedrich, Roger - Wuppertal	6,60	6,88	DNS	4,75	5,20		23,43
50	Coenen, Nils - Titz	5,83	DNS	9,10	DNS	8,16		23,09

(Noch ohne Berücksichtigung der Streichresultate!)

GLP Jahressieger stehen vorzeitig fest

„Bei Punktegleichheit entscheidet die geringere Strafpunktzahl in der ersten Bestätigungsrunde, in der zweiten Bestätigungsrunde usw." So steht es im Reglement der RCN GLP Gleichmäßigkeitsprüfungen. Bei der GLP „Rhein-Ruhr" des AC Oberhausen am 22. September 2024 kam dieser nicht besonders populäre Passus gleich sieben Mal zum Tragen. In einem Fall (Platz 23, 24 und 25) hatten sogar drei Teams am Ende die gleiche Punktzahl. Diese Anhäufung von Punktegleichheiten ist sicherlich der Tatsache geschuldet, dass bei vier Wertungsrunden die Chance auf eine Punktegleichheit größer ist, als bei sechs Runden. Ein Nebensatz von Fahrtleiter Jürgen Seidel bei der Fahrerbesprechung machte den Teilnehmern Hoffnung jedoch für die Zukunft: „Wir fahren heute wieder zehn Runden, aber ich bin optimistisch, dass es im nächsten Jahr anders sein wird."

Ansonsten war es eine ganz normale Gleichmäßigkeitsprüfung. Am Start herrschte ideales Nordschleifenwetter. Ein fast wolkenloser Himmel und eine entsprechend trockene Fahrbahn begeisterte die angereisten 93 Fahrerteams. So macht Breitensport auf der Nürburgring Nordschleife Spaß!

Im Ziel gab es dann eine Überraschung auf dem 12. und dem 11. Platz. Beide Positionen belegte jeweils ein schwarz-gelber BMW 325i. Beide Teams hatten jeweils 4,9 Punkte. Die Teilnehmer beider Fahrzeuge kamen aus Titz und in jedem der beiden BMWs saß ein Fahrer mit dem Namen „Esser". Trotz einer „Nullrunde" mussten sich jedoch Joachim Esser und Hans-Josef Pistel wegen einer höheren Strafpunktzahl in der ersten Wertungsrunde (3,3/0,8/0,0/0,8), dem zweiten AT Esser BMW mit Manuel Esser und Nils Coenen auf P11 (1,0/1,8/0,2/1,9) geschlagen geben.

Auf der zehnten Position platzierten sich Sebastian Gödderz und Jessica Suitter. Für die beiden Winkelhaider im Renault Twingo, die in der letzten Saison noch als Rookies unterwegs waren, zeigte die Zeitentabelle im Ziel 4,2 Fehlerpunkte (0,4/0,2/1,7/1,9) an.

Punktegleichheit auch auf P8 und P9. Hier belegten Steven und Jennifer Ostrowski (Essen, Mercedes AMG) mit 3,2 Punkten (2,2/0,3/0,6/0,1) den neunten Platz hinter den Rookies Stefan und Simon Zimmer aus Blieskastel im BMW 318 ti mit ebenfalls 3,2 Punkten (0,4/1,1/1,0/0,7) auf P8.

Auch bei den nächsten beiden Plätzen musste wegen Punktegleichheit wieder die Punktzahl der ersten Wertungsrunde als Kriterium herangezogen werden. Lukas Schwenk (Volxheim) und Noah Servos (Kerpen) wurden daher mit ihrem Mitsubishi Colt und 3,1 Punkten (1,3/0,8/0,7/0,3) auf dem 7. Platz geführt. Mit der gleichen Punktzahl (1,2/0,6/0,3/1,0) platzierten sich Falk und Monika Mellentin (Mönchengladbach), die für den DAMC 05 im ADAC an den Start gingen, im BMW 318 auf P6.

Als bestes Rookie-Team erkämpften sich Andreas Lux und Emilian Slaby (beide Langenberg) den fünften Platz in der Tageswertung. Mit ihrem Mini Cooper sammelten sie 2,8 Fehlerpunkte (0,9/0,2/0,5/1,2) ein.

Für Michael Dedekind und Sandra Meier (beide Landshut), die in diesem Jahr mit ihrem bildschönen BMW E46 M3 schon einen Tagessieg einfahren konnten, lief es wieder bestens. In der Addition 2,5 Zähler (1,2/0,5/0,4/0,4) reichten für P4.

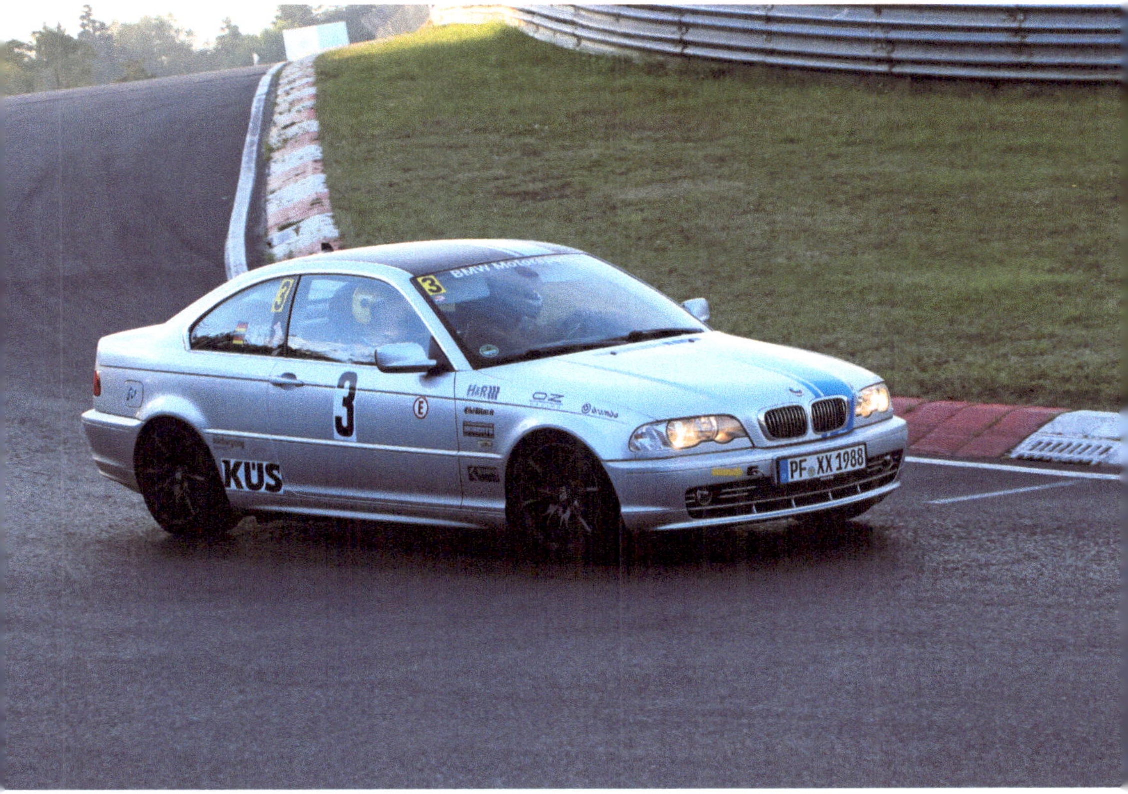
3
KÜS
PF XX 1988

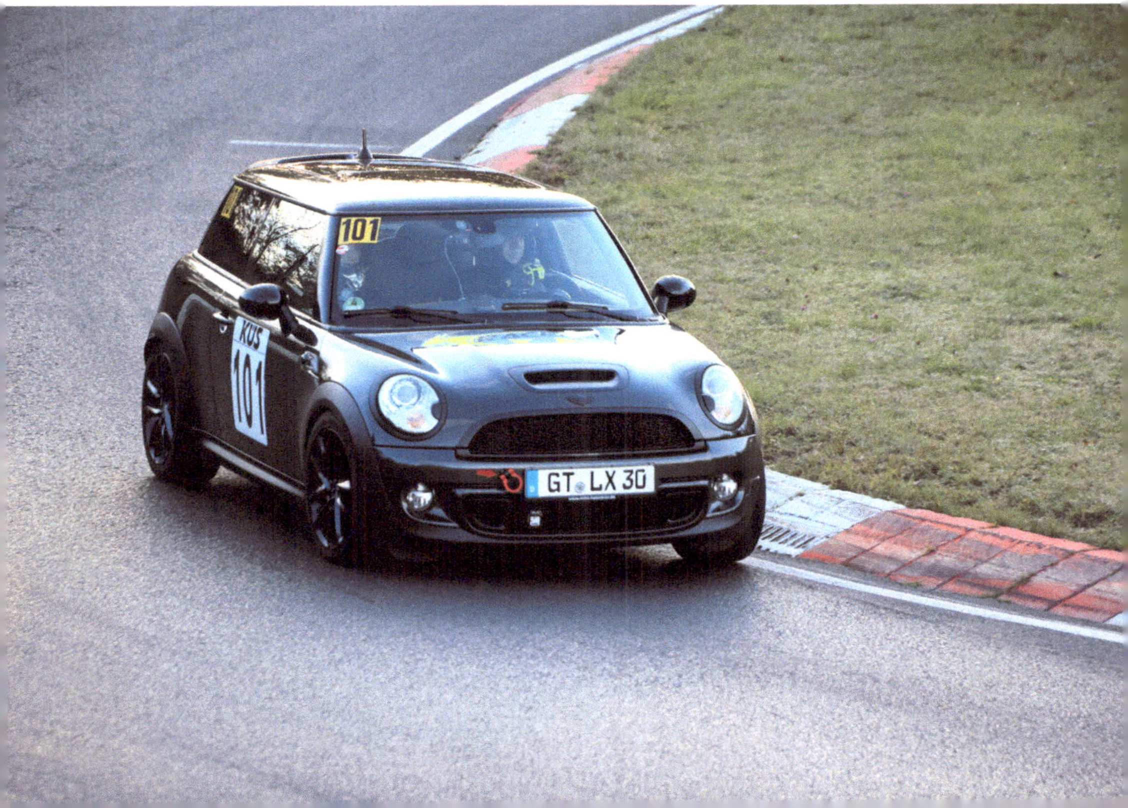
101
KÜS
101
GT LX 30

Knapp war es diesmal an der Spitze. Die ersten drei Platzierten lagen jeweils nur 0,1 Punkte auseinander. Mit 1,9 Punkten erreichten Ralph Petzhold (Wallerfangen) und Manuel Ahrens (Hasborn-Dautweiler) den dritten Platz. Ein toller Erfolg für die Fahrerpaarung aus dem Saarland.

Winfried und Karin Schlüter sind wieder da! Nach einer eher durchwachsenen Saison zeigten das Paar aus Horstmar, dass es das GLP-fahren nicht verlernt hat. Mit ihrem roten Mini JCW fuhren sie sicher mit 1,8 Zählern (0,5/0,5/0,2/0,6) auf P2.

Der Sieg aber ging diesmal an die haushohen Favoriten, das Vater-Sohn-Team Harald und Harald Ezaru aus Bad Wildbad. Als in der Gesamttabelle Führende gingen sie in den sechsten GLP Saisonlauf, den sie als Tages- und Gesamtsieger erfolgreich beendeten. Mit 1,7 Punkten (0,5/0,2/0,3/0,7) im 6. Lauf sicherten sich Ezaru/Ezaru ihren dritten GLP Sieg in dieser Saison. Dazu drei zweite Plätze – das sollte für die diesjährige Meisterschaft reichen. Nach 2021 ist es bereits der zweite Titelgewinn Vater und Sohn Ezaru. Herzlichen Glückwunsch.

Aber auch wenn das Meisterteam bereits feststeht, geht es für den ein oder anderen beim letzten Saisonlauf am 25.10.2024 noch um die Wurst. Auf den Plätzen sind die Teams teilweise nur wenige zehntel Punkte auseinander. Mit einer guten Platzierung im Finallauf, sollte es also durchaus möglich sein, noch einige Plätze gut zu machen.

In der Rookie-Wertung siegten, wie weiter oben schon angedeutet, Andreas Lux und Emilian Slaby vor Stefan und Simon Zimmer sowie Marc Buderath (Linnich) und Nina Nacken (Herzogenrath) auf dem dritten Platz, die im Renault Megan für den MSC Muehlheim im ADAC am Start waren.

Das Team „Nullrunde" (Ezaru/Ezaru, Schlüter/Schlüter, Dedekind/Meier und Mellentin/Mellentin) sicherte sich mit 29,24 Punkten souverän die Mannschaftswertung vor dem Team AT-Esser Motorsport (Esser/Coenen, Esser/Pistel, Buderath/Nacken und Pistel/Hirsch mit 25,06 Punkten und dem Team des MSC Wahlscheid im ADAC (Göbbels/Göbbels, Derscheid/Derscheid und Vosen/Vosen) mit 20,21 Punkten auf dem dritten Platz.

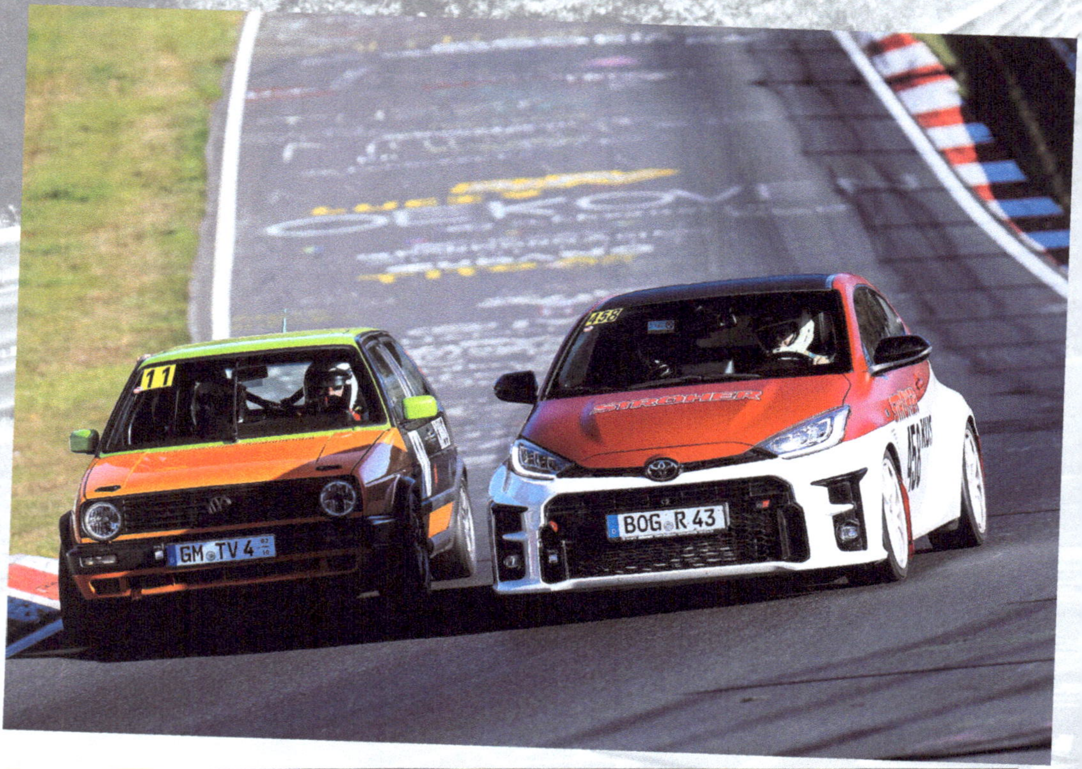
11
GM TV 4
BOG R 43

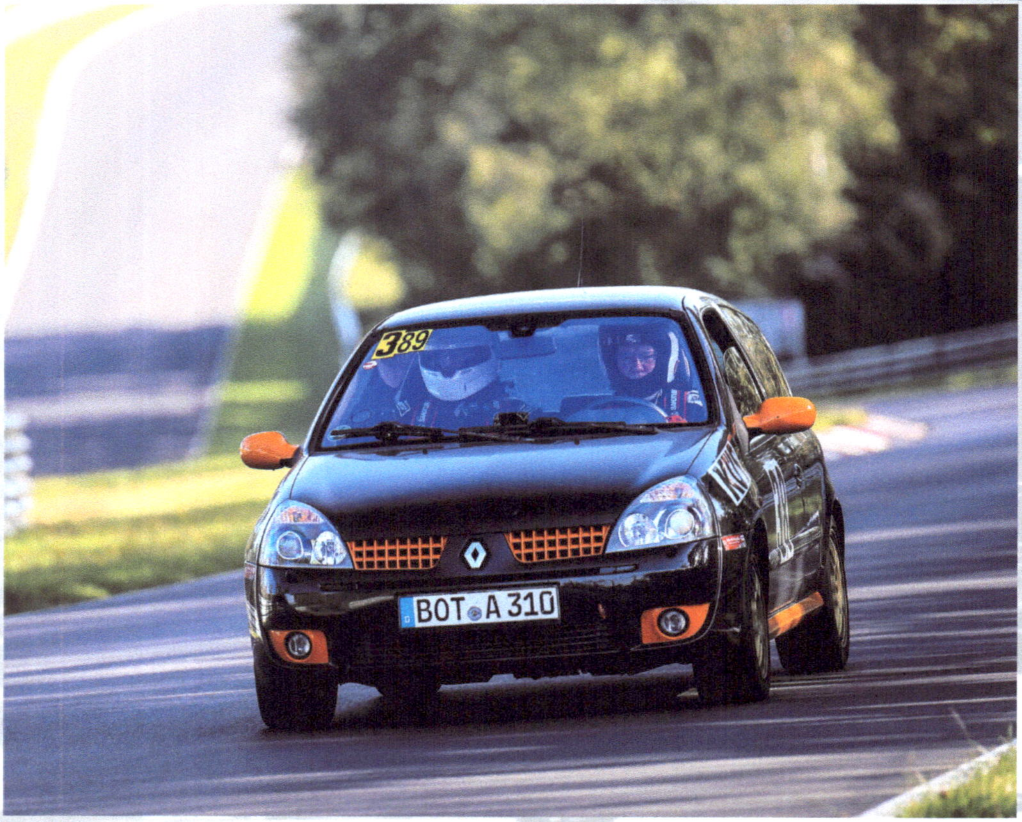
389
BOT A 310

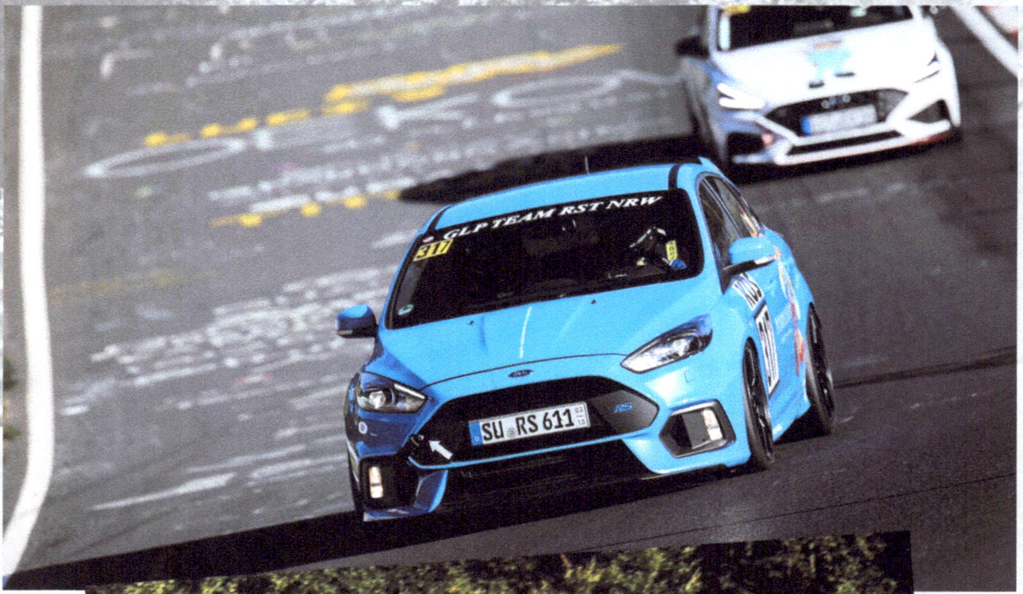
GLP TEAM RST NRW
317
SU RS 611

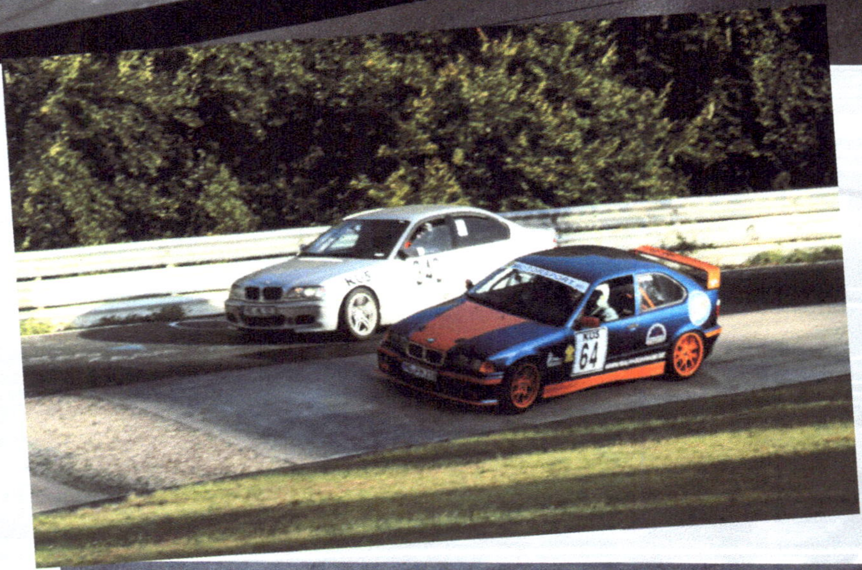
64

191
Audi Sport
191
ST PZ9

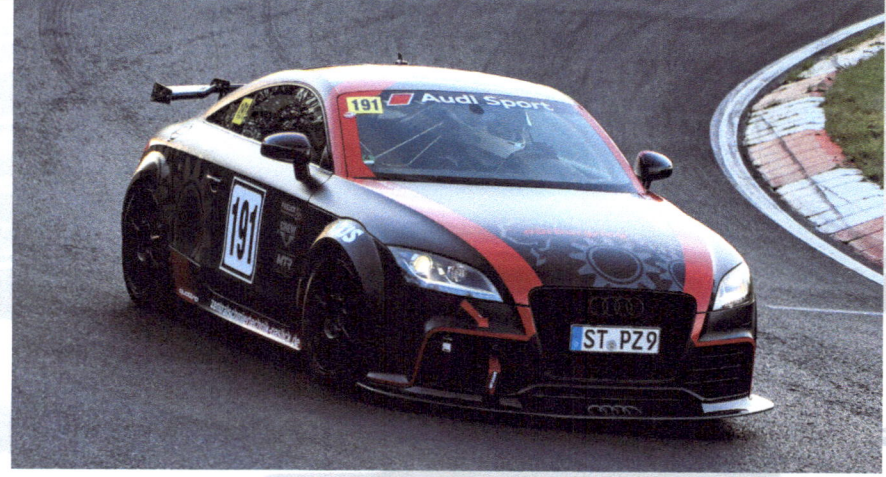

TOP 82 Gesamtwertung (93 Starter)

Platz	Name	Ort	Punkte
1	Ezaru, Harald	Bad Wildbad	1.7
1	Ezaru, Harald (Senior)	Bad Wildbad	1.7
2	Schlüter, Winfried	Horstmar	1.8
2	Schlüter, Karin	Horstmar	1.8
3	Petzold, Ralph	Wallerfangen	1.9
3	Ahrens, Manuel	Hasborn-Dautweiler	1.9
4	Dedekind, Michael	Landshut	2.5
4	Meier, Sandra	Landshut	2.5
5	Lux, Andreas	Langenberg	2.8
5	Slaby, Emilian	Langenberg	2.8
6	Mellentin, Falk	Mönchengladbach	3.1
6	Mellentin, Monika	Mönchengladbach	3.1
7	Schwenk, Lukas	Volxheim	3.1
7	Servos, Noah	Kerpen	3.1
8	Zimmer, Stefan	Blieskastel	3.2
8	Zimmer, Simon	Blieskastel	3.2
9	Ostrowski, Steven	Essen	3.2
9	Ostrowski, Jennifer	Essen	3.2
10	Gödderz, Sebastian	Winkelhaid	4.2
10	Suitter, Jessica	Winkelhaid	4.2
11	Esser, Manuel	Titz	4.9
11	Coenen, Nils	Titz	4.9
12	Esser, Joachim	Titz	4.9
12	Pistel, Hans-Josef	Titz	4.9
13	Kaster, Karl-Alois	Nettersheim	5.0
13	Hansen, Markus	Nettersheim	5.0
14	Göbbels, René	Eschweiler	5.1
14	Göbbels, Tina	Eschweiler	5.1
15	Quack, Simon	Mönchengladbach	5.4
15	Abrahams, Henrik	Mönchengladbach	5.4
16	Nowara, Stefan	Troisdorf	5.6
16	Nowara, Marion	Troisdorf	5.6
17	Spiller, Markus	Heusweiler	6.5
17	Spiller, Michael	Heusweiler	6.5
18	Goroll, Paul	Waltenhofen	7.0
18	Schlagenhaufen, Christoph	Krumbach	7.0
19	Richling, Mathias	Wimbach	7.3
19	von Scheid, Patrick	Pomster	7.3
20	Best, Julian	Gau-Algesheim	7.4
20	Ertel, Christopher	Schwabenheim	7.4
21	Unkhoff, Markus	Koblenz	8.5
21	Schmidt, Patrick	Euskirchen	8.5
22	Markl, Michael	Mühlheim	9.1
22	Markl, Madeline	Rottweil	9.1
23	Buderath, Marc	Linnich	9.2
23	Nacken, Nina	Herzogenrath	9.2
24	Römer, Ralf Volker	Bottrop	9.2

Platz	Name	Ort	Punkte
24	Jäkel, Wolfgang	Bad Zwischenahn	9.2
25	Schumacher, Nicolai	Bonn	9.2
25	Reuther, Petra	Hennef	9.2
26	Berres, Axel	Mainz	9.6
26	Kreckel, Peter	Hofheim	9.6
27	Kuhl, Thomas	Prüm	9.8
27	Flegel, Ralph	Bitburg	9.8
28	Derscheid, Andrea	Much	9.8
28	Derscheid, Rolf	Much	9.8
29	Dahl, Jens	Diespeck	10.4
29	Dahl, Yannic	Diespeck	10.4
30	Radermacher, Patrick	Bonn	11.4
30	Maru, Serkan	Rheinbreitbach	11.4
31	Grolig, Dieter	Netphen	11.8
31	Grolig, Phil	Düsseldorf	11.8
32	Tiedtke, Peter	Dortmund	12.1
32	Pallmann, Annette	Dortmund	12.1
33	Schlingmann, Peter	Celle	12.3
33	Taxweiler, Jan	Celle	12.3
34	Lehmann, Marc	Jülich	13.2
34	Lehmann, Kerstin	Jülich	13.2
35	Datzer, Matthias	Rot am See	13.6
35	Datzer, Jürgen	Rot am See	13.6
36	Adam, Andrea	Kaiserslautern	14.9
36	Rünger, Marcel	Kaiserslautern	14.9
37	Hörstmann, Simon	Troisdorf	15.1
37	Falderbaum, Frank	Swisttal	15.1
38	Gläsker, Kai	Freiburg	17.7
38	Grothe, Tom-Maddox	Gütersloh	17.7
39	Peters, Eike	Kerpen	18.1
39	Schumacher, Sandra	Salzwedel	18.1
40	Kreisel, Markus	Münster	18.2
40	Kreisel, Nina	Münster	18.2
41	Will, Detlef	Wangerland	18.7
41	Anhuth, Daniel	Sundern	18.7
42	Lodde, Michael	Münster	21.8
42	Reher, Ralf	Münster	21.8
43	Sartoris, Thomas	Daun	22.0
43	Junk, Marcel	Monheim am Rhein	22.0
44	Wenzel, Jörg	Langenfeld	22.0
44	Habmann, Melanie	Dormagen	22.0
45	Scheffel, Thomas	Siershahn	22.3
45	Scheffel, Tim	Siershahn	22.3
46	Tovote, Sascha	Düsseldorf	23.1
46	Eckel, Felix	Greimersburg	23.1
47	Nohles, Raphael	Wimbach	26.4
47	Nohles, Sascha	Wimbach	26.4
48	Hait, Alexander	Dortmund	27.2
48	Hait, Tobias	Dortmund	27.2

Platz	Name	Ort	Punkte
49	Vosen, Thomas	Nümbrecht	27.2
49	Vosen, Klaus	Nümbrecht	27.2
50	Jäckels, Olav	Dahlem	28.6
50	Kau, Fabian	Mechernich	28.6
51	Heidemann, Tim	Oberhausen	28.9
51	Heidemann, Friedhelm	Oberhausen	28.9
52	Lang, Alexander	München	29.7
52	Lazotta, Nicole	Rheine	29.7
53	Niemann, Dieter	Bocholt	30.2
53	Pols, Ludwig	Hamminkeln	30.2
54	Rodig, Stefan	Rellingen	30.9
54	Rodig, Andrea	Rellingen	30.9
55	Dr. Labahn, Michael	Eilsdorf	33.5
55	Dr. Labahn, Antje	Eilsdorf	33.5
56	Nogueras, Lucas	Bonn	34.3
56	Könen, Julian	Aachen	34.3
57	Schwenk, Mike	Volxheim	36.1
57	Schwenk, Tim	Volxheim	36.1
58	Fos, Kevin	Burscheid	39.6
58	Hentschel, Steffi	Niederkassel	39.6
59	Stehli, Christian	Wittenbach/Schweiz	42.1
59	Becker, Martin	Rees/Haldern	42.1
60	Kühn, Victor	Aspach	44.0
60	Hein, Christian	Stuttgart	44.0
61	Braun, Hubert	Aachen	44.2
61	Schwan, Rolf	Aachen	44.2
62	Brandl, Rudolf	Walldürn	48.9
62	Laidig, Rainer Karl	Billigheim	48.9
63	Kruse, Thomas	Diepenau	55.4
63	Kruse, Hartwig	Warmsen	55.4
64	Eckhardt, Torsten	Dehrn	59.4
64	Caspers, Arne	Cramberg	59.4
65	Restle, Uli	Rottenburg	77.6
65	Elfes, Joachim	Neckartenzlingen	77.6
66	Brauer, Daniel	Moers	78.2
66	Brauer, Uwe	Moers	78.2
67	Carvalho, Fabio	Flawil	81.1
67	Batista Pereira, Luka	Waldstatt	81.1
68	Karnik, Conner	Frankenberg	81.9
68	Tinter, Joel	Allendorf (Eder)	81.9
69	Santorius, Alexander	Bochum	94.1
69	Nübel, Dominique	Bochum	94.1
70	Kiefaber, Lea	Kottenborn	99.2
70	Baller, Benny	Siersburg	99.2
71	Brandl, Sebastian	Walldürn	109.5
71	Wernet, Ferdinand	Neuenburg	109.5
72	Caspari, Thomas	Badenhard	114.2
72	Caspari, Lars	St. Goarshausen	114.2
73	Wiesen, Dennis	Nonnweiler	116.9

Platz	Name	Ort	Punkte
73	Beul, Max	Haiger	116.9
74	Pieper, Markus	Schwelm	188.3
74	Grün, Ann-Kathrin	Ennepetal	188.3
75	Böhmer-Wöll, Alexandra	Bendorf	191.0
75	Wöll, Thomas	Bendorf	191.0
76	Westerich, Roman	Siebenbach	211.9
76	Kurth, David	Bad Münstereifel	211.9
77	Sackenheim, Klaus	Koblenz	273.0
77	Roth-Sackenheim, Christa	Koblenz	273.0
78	Schnock, Markus	Erftstadt	396.2
78	Eich, Franziska	Auel/Steffeln	396.2
79	Ströher, Michael	Neukirchen	409.6
79	Ströher, Roman	Neukirchen	409.6
80	Schild, Christian	Meerbusch	476.5
80	Rattay, Joerg	Essen	476.5
81	Chalee, Prasopchai	Moers	562.2
81	Müller, Carsten	Eschweiler	562.2
82	Sieber, Walter	Widnau / CH	587.3
82	Balzer, Michael	Mettmann	587.3

Mannschaftswertung (4 Teams)

1   **Team „Null Runde"**   **29,24**
Ezaru / Ezaru
Schlüter / Schlüter
Dedekind / Meier
Mellentin / Mellentin

2   **AT-Esser Motorsport**   **25,06**
Esser / Coenen
Esser / Pistel
Buderath / Nacken
Pistel / Hirsch

3   **MSC Wahlscheid im ADAC**   **20,21**
Göbbels / Göbbels
Derscheid / Derscheid
Vosen / Vosen

4   **Die „Ü30er"**   **19,89**
Ostrowski / Ostrowski
Will / Anhuth
Wenzel / Habmann

Top20 Rookiewertung (32 Starter)

Platz	Name	Ort	Punkte
1	Lux, Andreas	Langenberg	2.8
1	Slaby, Emilian	Langenberg	2.8
2	Zimmer, Stefan	Blieskastel	3.2
2	Zimmer, Simon	Blieskastel	3.2
3	Buderath, Marc	Linnich	9.2
3	Nacken, Nina	Herzogenrath	9.2
4	Radermacher, Patrick	Bonn	11.4
4	Maru, Serkan	Rheinbreitbach	11.4
5	Peters, Eike	Kerpen	18.1
5	Schumacher, Sandra	Salzwedel	18.1
6	Sartoris, Thomas	Daun	22.0
6	Junk, Marcel	Monheim am Rhein	22.0
7	Scheffel, Thomas	Siershahn	22.3
7	Scheffel, Tim	Siershahn	22.3
8	Hait, Alexander	Dortmund	27.2
8	Hait, Tobias	Dortmund	27.2
9	Heidemann, Tim	Oberhausen	28.9
9	Heidemann, Friedhelm	Oberhausen	28.9
10	Lang, Alexander	München	29.7
10	Lazotta, Nicole	Rheine	29.7
11	Niemann, Dieter	Bocholt	30.2
11	Pols, Ludwig	Hamminkeln	30.2
12	Rodig, Stefan	Rellingen	30.9
12	Rodig, Andrea	Rellingen	30.9
13	Nogueras, Lucas	Bonn	34.3
13	Könen, Julian	Aachen	34.3
14	Fos, Kevin	Burscheid	39.6
14	Hentschel, Steffi	Niederkassel	39.6
15	Kühn, Victor	Aspach	44.0
15	Hein, Christian	Stuttgart	44.0
16	Brandl, Rudolf	Walldürn	48.9
16	Laidig, Rainer Karl	Billigheim	48.9
17	Brauer, Daniel	Moers	78.2
17	Brauer, Uwe	Moers	78.2
18	Karnik, Conner	Frankenberg	81.9
18	Tinter, Joel	Allendorf (Eder)	81.9
19	Santorius, Alexander	Bochum	94.1
19	Nübel, Dominique	Bochum	94.1
20	Kiefaber, Lea	Kottenborn	99.2
20	Baller, Benny	Siersburg	99.2

GLP Top 50 Jahreswertung nach dem 6. Lauf

Platz	Name	1.Lf	2.Lf	3.Lf	4.Lf	5.Lf	6.Lf	JW
1	Ezaru, Harald - Bad Wildbad	9,81	9,82	9,91	9,90	9,80	9,89	59,13
1	Ezaru, Harald (Sen.) - Bad Wildbad	9,81	9,82	9,91	9,90	9,80	9,89	59,13
2	Göbbels, René - Eschweiler	9,71	9,55	9,82	9,70	9,59	8,49	56,86
2	Göbbels, Tina - Eschweiler	9,71	9,55	9,82	9,70	9,59	8,49	56,86
3	Ostrowski, Steven - Essen	9,90	9,64	9,37	9,21	9,18	9,03	56,33
3	Ostrowski, Jennifer - Essen	9,90	9,64	9,37	9,21	9,18	9,03	56,33
4	Dedekind, Michael - Landshut	7,48	9,91	9,64	9,31	8,67	9,57	54,58
4	Meier, Sandra - Landshut	7,48	9,91	9,64	9,31	8,67	9,57	54,58
5	Zimmer, Stefan - Blieskastel	8,25	9,29	8,02	9,80	9,29	9,14	53,79
5	Zimmer, Simon - Blieskastel	8,25	9,29	8,02	9,80	9,29	9,14	53,79
6	Derscheid, Andrea - Much	8,74	9,38	9,01	9,60	9,69	6,99	53,41
6	Derscheid, Rolf - Much	8,74	9,38	9,01	9,60	9,69	6,99	53,41
7	Spiller, Markus - Heusweiler	9,51	8,93	8,92	8,81	8,57	8,17	52,91
7	Spiller, Michael - Heusweiler	9,51	8,93	8,92	8,81	8,57	8,17	52,91
8	Lux, Andreas - Langenberg	9,13	9,46	8,47	8,71	7,45	9,46	52,68
9	Gödderz, Sebastian - Winkelhaid	7,77	8,66	9,19	8,91	8,37	8,92	51,82
9	Suitter, Jessica - Winkelhaid	7,77	8,66	9,19	8,91	8,37	8,92	51,82
10	Kaster, Karl-Alois - Nettersheim	7,28	7,50	8,11	7,43	7,65	8,60	46,57
10	Hansen, Markus - Nettersheim	7,28	7,50	8,11	7,43	7,65	8,60	46,57
11	Dahl, Jens - Diespeck	6,70	7,86	8,83	7,52	8,47	6,88	46,26
12	Goroll, Paul - Waltenhofen	9,61	8,84	9,55	DNC	9,49	8,06	45,55
13	Quack, Simon - Mönchengladbach	8,93	DNS	9,28	8,32	8,78	8,39	43,70
13	Abrahams, Henrik - Mönchengladb.	8,93	DNS	9,28	8,32	8,78	8,39	43,70
14	Petzold, Ralph - Wallerfangen	8,45	8,57	9,73	DNS	7,04	9,68	43,47
15	Adam, Andrea - Kaiserslautern	6,41	7,77	7,12	6,93	7,35	6,13	41,71
15	Rünger, Marcel - Kaiserslautern	6,41	7,77	7,12	6,93	7,35	6,13	41,71
16	von Scheid, Patrick - Pomster	8,83	7,14	DNS	8,42	9,08	7,96	41,43
17	Esser, Joachim - Titz	8,64	DNS	7,93	8,51	7,24	8,71	41,03
17	Pistel, Hans-Josef - Titz	8,64	DNS	7,93	8,51	7,24	8,71	41,03
18	Lehmann, Marc - Jülich	7,86	8,30	7,30	4,46	6,63	6,34	40,89
18	Lehmann, Kerstin - Jülich	7,86	8,30	7,30	4,46	6,63	6,34	40,89
19	Nowara, Stefan - Troisdorf	9,03	6,43	8,56	8,12	DNC	8,28	40,42
20	Berres, Axel - Mainz	6,89	6,07	7,48	5,74	6,22	7,20	39,60
21	Mellentin, Falk - Mönchengladbach	DNC	9,73	8,20	2,28	9,90	9,35	39,46
21	Mellentin, Monika - Mönchengladb.	DNC	9,73	8,20	2,28	9,90	9,35	39,46
22	Radermacher, Patrick - Bonn	4,95	6,16	6,94	8,61	5,82	6,77	39,25
22	Maru, Serkan - Rheinbreitbach	4,95	6,16	6,94	8,61	5,82	6,77	39,25
23	Esser, Manuel - Titz	5,83	DNS	9,10	5,64	8,16	8,82	37,55
24	Kuhl, Thomas - Prüm	5,92	6,79	6,67	5,54	5,41	7,10	37,43
25	Schlüter, Winfried - Horstmar	1,94	9,20	3,87	9,50	2,24	9,78	36,53

Platz	Name	1.Lf	2.Lf	3.Lf	4.Lf	5.Lf	6.Lf	JW
26	Datzer, Matthias - Rot am See	3,30	5,54	7,03	7,72	6,43	6,24	36,26
26	Datzer, Jürgen - Rot am See	3,30	5,54	7,03	7,72	6,43	6,24	36,26
27	Schlagenhaufen, Chr. - Krumbach	9,61	8,84	DNS	DNC	9,49	8,06	36,00
28	Tiedtke, Peter - Dortmund	6,99	DNS	6,31	8,22	7,86	6,56	35,94
28	Pallmann, Annette - Dortmund	6,99	DNS	6,31	8,22	7,86	6,56	35,94
29	Lux, Markus - Soest	9,13	9,46	DNS	8,71	7,45	DNS	34,75
30	Marnet, Lion - Glashütten	8,35	8,13	6,76	7,92	3,57	DNS	34,73
30	Marnet, Klaus - Garmisch-Partenk.	8,35	8,13	6,76	7,92	3,57	DNS	34,73
31	Nohles, Raphael - Wimbach	5,24	5,89	6,49	6,73	5,31	4,95	34,61
31	Nohles, Sascha - Wimbach	5,24	5,89	6,49	6,73	5,31	4,95	34,61
32	Schlüter, Karin - Horstmar	DNS	9,20	3,87	9,50	2,24	9,78	34,59
33	Richling, Mathias - Wimbach	8,83	7,14	DNS	DNS	9,08	7,96	33,01
34	Rombach, Markus - Jülich	8,06	7,95	8,65	DNS	8,27	DNS	32,93
35	Schumacher, Nicolai - Bonn	7,09	5,18	6,04	7,03	DNS	7,31	32,65
35	Reuther, Petra - Hennef	7,09	5,18	6,04	7,03	DNS	7,31	32,65
36	Kreisel, Markus - Münster	3,79	4,29	5,32	7,13	6,33	5,70	32,56
36	Kreisel, Nina - Münster	3,79	4,29	5,32	7,13	6,33	5,70	32,56
37	Coenen, Nils - Titz	5,83	DNS	9,10	DNS	8,16	8,82	31,91
38	Nowara, Marion - Troisdorf	9,03	6,43	DNS	8,12	DNC	8,28	31,86
39	Markl, Michael - Mühlheim	7,38	8,21	5,95	2,57	DNS	7,63	31,74
39	Markl, Madeline - Rottweil	7,38	8,21	5,95	2,57	DNS	7,63	31,74
40	Schwenk, Lukas - Volxheim	DNS	4,38	4,68	6,83	6,53	9,25	31,67
40	Servos, Noah - Kerpen	DNS	4,38	4,68	6,83	6,53	9,25	31,67
41	Paslick, Stefan - Wettringen	7,67	7,41	6,58	5,35	4,39	DNC	31,40
42	Hörstmann, Simon - Troisdorf	6,02	6,61	5,77	6,04	DNS	6,02	30,46
42	Falderbaum, Frank - Swisttal	6,02	6,61	5,77	6,04	DNS	6,02	30,46
43	Fassbender, Wilfried - Hürth	7,57	5,27	5,14	6,34	5,10	DNS	29,42
43	Klein, Rolf - Erftstadt	7,57	5,27	5,14	6,34	5,10	DNS	29,42
44	Vosen, Thomas - Nümbrecht	DNS	9,11	7,84	DNC	6,84	4,73	28,52
44	Vosen, Klaus - Nümbrecht	DNS	9,11	7,84	DNC	6,84	4,73	28,52
45	Carvalho, Fabio - Flawil	5,05	8,04	4,59	7,62	DNS	2,80	28,10
45	Batista Pereira, Luka - Waldstatt	5,05	8,04	4,59	7,62	DNS	2,80	28,10
46	Paslick, Daniel - Neuenkirchen	2,52	7,41	7,21	5,35	4,90	DNC	27,39
47	Braun, Hubert - Aachen	6,50	4,02	4,77	4,26	4,29	3,44	27,28
48	Kreckel, Peter - Hofheim	DNS	6,07	7,48	DNS	6,22	7,20	26,97
49	Buderath, Marc - Linnich	DNS	DNS	5,68	4,16	9,39	7,53	26,76
49	Nacken, Nina - Herzogenrath	DNS	DNS	5,68	4,16	9,39	7,53	26,76
50	Sartoris, Thomas - Daun	2,82	4,82	7,57	DNS	6,12	5,38	26,71
50	Junk, Marcel - Monheim am Rhein	2,82	4,82	7,57	DNS	6,12	5,38	26,71

(Noch ohne Berücksichtigung der Streichresultate!)

7. GLP Lauf „Klingentrophy" (25.10.2024)

Mit Problemen zum Sieg

Die Eckdaten der RCN GLP „Klingentrophy" der MSG Solingen im ADAC lauteten: 33 Runden auf der 5,148 km langen GP Strecke in sieben Wertungsabschnitten. Für Fahrtleiter Jürgen Seidel der Anlass, bei der Fahrerbesprechung die geänderte Aufgabenstellung der Veranstaltung, die Startprozedur, die Flaggensignale und vieles andere mehr, erneut ausführlich zu erläutern. Mit dem Hinweis, dass die Beifahrer aufgrund der hohen Rundenanzahl diesmal deutlich mehr zu tun hätten, als bei einer „normalen" Gleichmäßigkeitsprüfung, beendete er das Meeting im Pressezentrum des Nürburgrings.

Der späte Startzeitpunkt um 13:00 Uhr bescherte den Teilnehmern zwei große Vorteile. Zum einen konnte sie – im Gegensatz zum üblichen frühen Start
um 8:00 Uhr - mal ausschlafen und zum anderen herrschte zu diesem Zeitpunkt das perfekte Motorsportwetter in der Eifel. Die Herbstsonne hatte den
morgendlichen Bodennebel bereits aufgelöst und so konnte Jürgen Seidel die
54 Teilnehmerfahrzeuge im Sekundenabstand auf die Rennstrecke schicken.

Im Laufe der folgenden zwei Stunden konnte man anhand der eingefahrenen
Strafpunkte deutlich erkennen, wieviel schwieriger es ist, auf der GP Strek-
ke fehlerfrei zu fahren als auf der Nordschleife. Nur ein einziges Team, die
Rookies Andreas Lux und Tim Schalldach, schaffte einen fehlerfreien „Nuller"-
Abschnitt.

Nach dem Zieleinlauf löste die Aussage „Die Oma hat mitgestoppt" beim Be-
richterstatter die Assoziation aus, die Mutter/Schwiegermutter von Andrea
und Stefan Rodig hätte im Toyota GR Corolla mit der Startnummer 13 auf der
Rücksitzbank gesessen und die Stoppuhr betätigt. Das Missverständnis war
schnell gelöst: Die „Oma" saß natürlich auf der Tribüne und kontrollierte von
dort aus die Rundenzeiten.

Im Ziel wertete die Zeitnahme René und Tina Göbbels aus Eschweiler auf dem
fünften Platz. Mit ihrem VW Golf I GTI sammelte das für den MSC Wahlscheid
im ADAC startende Paar insgesamt 9,6 Punkte (1,0/1,8/0,3/1,9/0,8/1,2/2,6)
ein. Mit der erneut guten Platzierung untermauerten sie den zweiten Platz in
der Jahresgesamtwertung und den ersten Platz für Tina in der Damenwertung.

Auch Michael Dedekind und Sandra Meier (BMW M3) nutzten das GLP Finale um ihre guten Platzierungen zu festigen. Der vierte Platz mit 8,8 Punkten
(0,5/0,9/2,0/0,9/2,9/0,4/1,2) bei der "Klingentrophy" sicherte ihnen den dritten
Platz in der Jahresgesamtwertung, Sandra Meier P2 in der Damenwertung
sowie ihrem Team „Nullrunde" den Gewinn der Jahresmannschaftswertung.

Andreas Lux (Langenberg), diesmal wieder mit Tim Schalldach (Münster) unterwegs, war auch im siebten GLP Lauf wieder bester Rookie. Im dritten Abschnitt gelang ihnen sogar ein „Nuller". 8,7 Punkte (2,5/1,9/0,0/1,3/0,7/0,5/1,8)
bedeuteten den dritten Platz für die beiden Mini Cooper Piloten.

Letztes Jahr noch in der Rookie Wertung erfolgreich aktiv, findet man Sebastian Gödderz und Jessica Suitter (beide Winkelhaid) nun auch in der Gesamtwertung ganz vorne. Beim Saisonfinale reichten dem Renault Twingo Team
7,4 Punkte (1,1/0,6/1,4/0,7/1,2/0,7/1,7) für P2. In der Jahreswertung liegen

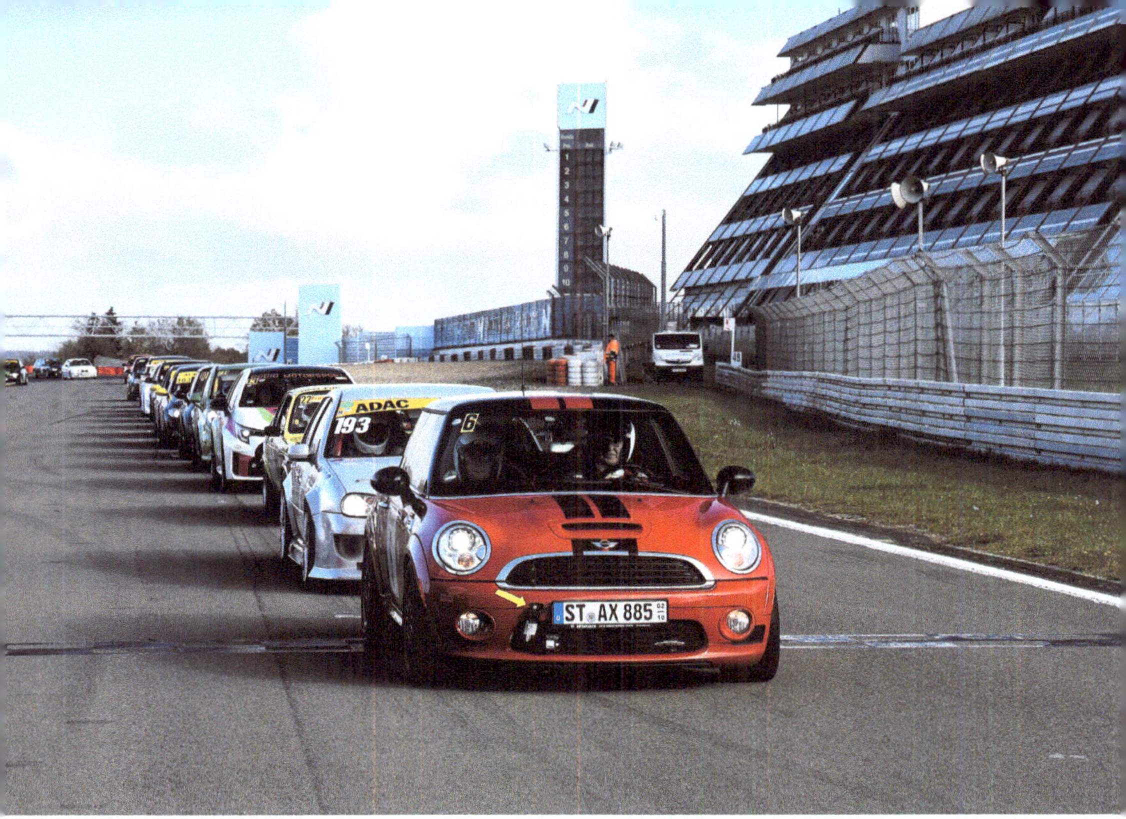
ADAC
193
6
ST AX 885

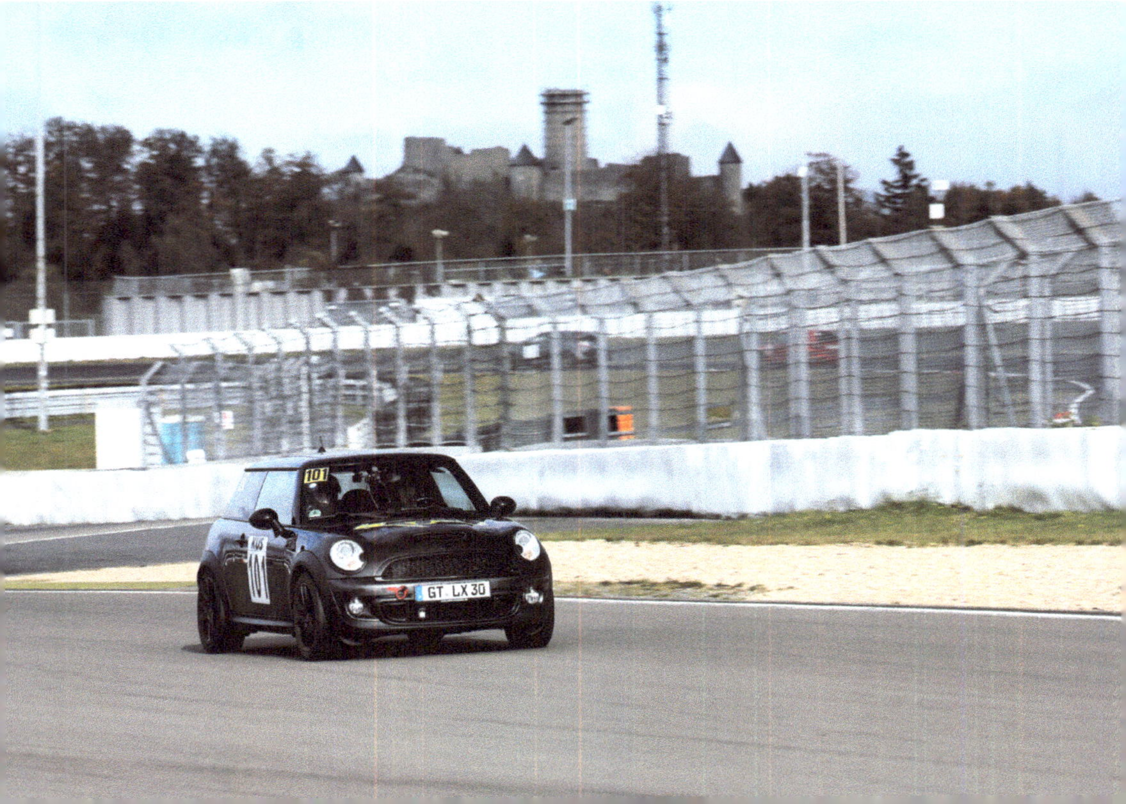
101
GT LX 30

die beiden auf dem neunten Platz. Bei den Damen belegt Jussica Suitter den fünften Platz.

„Die beiden Tagessieger waren nicht ganz zufrieden mit ihrem Auto", erzählte Jürgen Seidel bei der Siegerehrung. Nach der Zieldurchfahrt beklagte der Fahrer erneute Probleme an seinem Mini Cooper. Sichtlich geknickt berichtete er von ärgerlichen Motoraussetzern. Ärgerlich deshalb, weil dieser Fehler in diesem Jahr schon zweimal bei GLP Veranstaltungen aufgetreten war und trotz teurer Reparaturversuche und sogar einem Werkstattwechsel offensichtlich nicht in den Griff zu bekommen ist. Erst mit der Bekanntgabe der Ergebnisse konnte der Betroffene wieder lachen: Winfried und Karin Schlüter (Horstmar) gewannen die Klingentrophy 2024 mit einem ruckelnden Mini Cooper und 6,0 Punkten (1,0/0,4/0,1/0,7/0,6/1,2/2,0). Das Top-Ergebnis zum Abschluss einer Saison mit einigen Tiefpunkten lässt die Schlüters auf 2025 hoffen.

Andreas Lux gelang zusammen mit Tim Schalldach und 8,7 Punkten der erneute Sieg in der Rookie Klasse. Drei Läufe fuhr Andreas Lux in dieser Saison mit Markus Lux (Soest) und vier Läufe mit Tim Schalldach. Damit führt Andreas Lux die Jahreswertung der Rookies an, auf P5 liegt Marcus Lux und auf P10 Tim Schalldach.

In der Mannschaftswertung musste das Team „Nullrunde" um die Platzierung bangen. Harald Ezaru und Harald Ezaru (sen.), waren diesmal nicht am Nürburgring vertreten und Falk und Monika Mellentin sind bereits im ersten Bestätigungsabschnitt ausgefallen. Derart eingeschränkt kam die „Nullrunde" (Schlüter/Schlüter, Dedekind/Meier, Großelanghorst/Bollweg und Mellentin/Mellentin) noch auf 24,07 Punkte und platzierte sich damit auf P1 vor dem Team des MSC Wahlscheid im ADAC (Göbbels/Göbbels, Derscheid/Derscheid und Willmann/Willmann) mit 21,47 Punkten. In der gleichen Reihenfolge belegen die Teams auch die beiden vorderen Plätze in der Jahres-Mannschaftswertung.

Die Jahreswertung der Damen sicherte sich mit 57,44 Punkten Tina Göbbels aus Eschweiler. P2 ging an Sandra Meier (Landshut), die sich mit 56,36 Punkten knapp vor Jennifer Ostrowski aus Essen mit 56,33 Punkten platzieren konnte.

Die GLP Jahressiegerehrung geht am 16. November 2024 im ring°werk am Nürburgring über die Bühne.

nürburgring
GLP
RCN Gleichmaßigkeitsprüfung
RCN
Rundstrecken-Challenge
Nürburgring e.V.
25.10.2024
26.10.2024

RCN
INTERVENTION CAR

ADAC ADAC
460
KO RR 112
N AC 246
LB A 1393

RODIG MOTORSPORT
13
PI GR 88

485
485
WW Y 325H
BN SN 105

100
FINDT Motorsport
KÜS
100
SANDTLER
RECARO

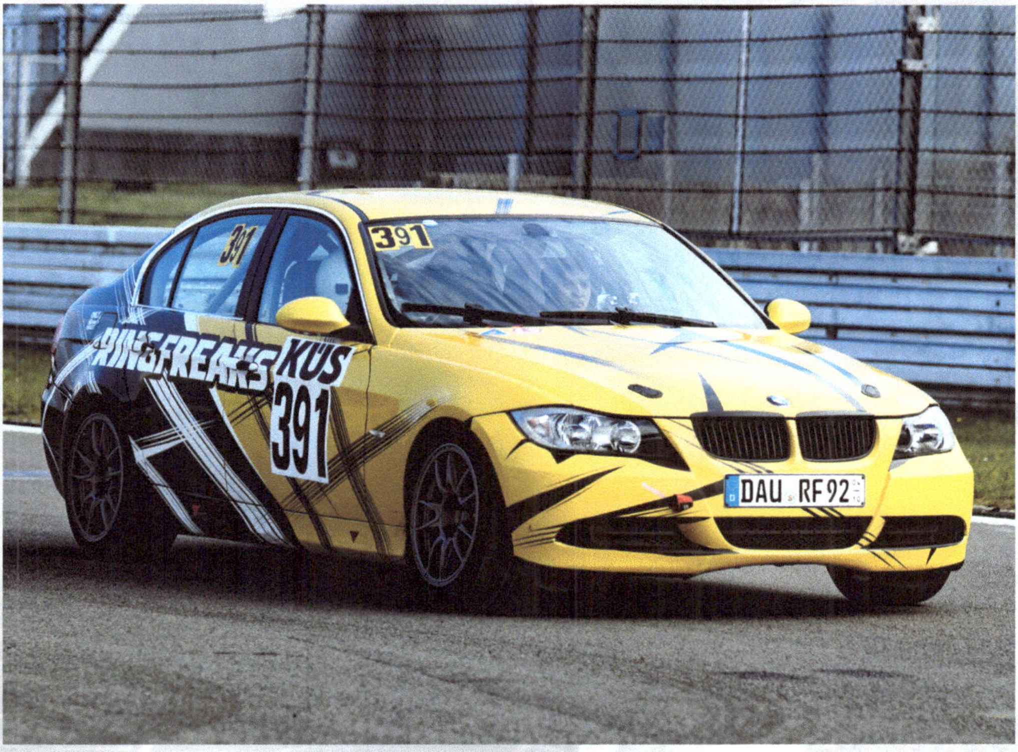
RINGFREAKS
KÜS
391
DAU RF 92

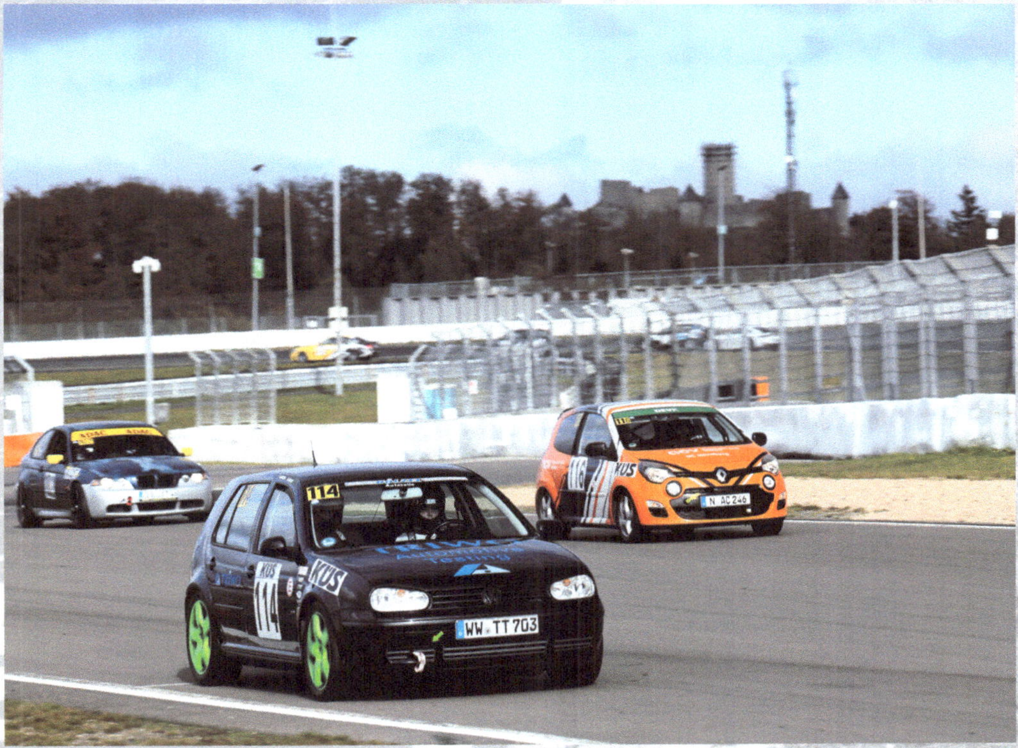
114
KÜS
WW TT 703
N AC 246

TOP 47 Gesamtwertung (54 Starter)

Platz	Name	Ort	Punkte
1	Schlüter, Winfried	Horstmar	6.0
1	Schlüter, Karin	Horstmar	6.0
2	Gödderz, Sebastian	Winkelhaid	7.4
2	Suitter, Jessica	Winkelhaid	7.4
3	Lux, Andreas	Langenberg	8.7
3	Schalldach, Tim	Münster	8.7
4	Dedekind, Michael	Landshut	8.8
4	Meier, Sandra	Landshut	8.8
5	Göbbels, René	Eschweiler	9.6
5	Göbbels, Tina	Eschweiler	9.6
6	Quack, Simon	Mönchengladbach	16.7
6	Abrahams, Henrik	Mönchengladbach	16.7
7	Esser, Manuel	Titz	19.8
7	Coenen, Nils	Titz	19.8
8	Lehmann, Marc	Jülich	22.8
8	Lehmann, Kerstin	Jülich	22.8
9	Sieber, Walter	Widnau / CH	23.7
9	Hagmuller, Niklas	Sankt Florian	23.7
10	Goroll, Paul	Waltenhofen	28.7
10	Schlagenhaufen, Christoph	Krumbach	28.7
11	Derscheid, Andrea	Much	29.9
11	Derscheid, Rolf	Much	29.9
12	Kreisel, Markus	Münster	30.7
12	Kreisel, Nina	Münster	30.7
13	Findt, Patrick	Katzenbach	31.2
13	Ahrens, Philipp	Budenheim	31.2
14	Lutterbeck, Daniel	Aitrach	33.1
14	Widemann, Christoph	Heimertingen	33.1
15	Kaster, Karl-Alois	Nettersheim	34.3
15	Hansen, Markus	Nettersheim	34.3
16	Marnet, Lion	Glashütten	38.7
16	Marnet, Klaus	Garmisch-Partenkirchen	38.7
17	Gutte, Pascal	Neuwied	39.8
17	Ihrlich, Nadja	Mülheim Kärlich	39.8
18	Petzold, Ralph	Wallerfangen	40.0
18	Ahrens, Manuel	Hasborn-Dautweiler	40.0
19	Kleine-Puppendahl, Stefan	Marl	44.7
19	Hoppius, Kerstin	Gelsenkirchen	44.7
20	Straube, Christian	Schwalmstadt	45.6
20	Dahl, Jens	Diespeck	45.6
21	Datzer, Matthias	Rot am See	46.7
21	Datzer, Jürgen	Rot am See	46.7
22	Sartoris, Thomas	Daun	50.5
22	Junk, Marcel	Monheim am Rhein	50.5
23	Strehl, Pascal	Kerpen	70.5
23	Vogt, Ingo	Titz	70.5
24	Unkhoff, Markus	Koblenz	73.5
24	Schmidt, Patrick	Euskirchen	73.5

Platz	Name	Ort	Punkte
25	Rodig, Stefan	Rellingen	75.5
25	Rodig, Andrea	Rellingen	75.5
26	Scheffel, Thomas	Siershahn	87.5
26	Scheffel, Tim	Siershahn	87.5
27	Großelanghorst, Wolfgang	Gütersloh	103.8
27	Bollweg, Josef	Dissen	103.8
28	Fassbender, Wilfried	Hürth	111.5
28	Klein, Rolf	Erftstadt	111.5
29	Kaufmann, Christian	Staudernheim	116.8
29	Berres, Axel	Mainz	116.8
30	Willmann, Karl-Heinz	Köln	142.2
30	Willmann, Till	Köln	142.2
31	Doerfert, Carsten	Bonn	196.0
31	Hostert, Markus	Rech	196.0
32	Steil, Christopher	Eppelborn	201.7
32	Birster, Jannik	Eppelborn	201.7
33	Schilling, Stefan	Rennerod	227.6
33	Ross, Andreas	Härtlingen	227.6
34	Große-Venhaus, Georg	Bottrop-Kirchhellen	252.3
34	Laarmann, Frederik	Bottrop	252.3
35	Esser, Joachim	Titz	252.8
35	Pistel, Hans-Josef	Titz	252.8
36	Pietschmann, Martin	Niederfüllbach	284.1
36	Honold, Volker	Rödental	284.1
37	Neske, Alexander	Ditzingen	372.5
37	Hoffmann, Nick	Herxheim	372.5
38	Ostrowski, Steven	Essen	374.1
38	Ostrowski, Jennifer	Essen	374.1
39	Pieper, Markus	Schwelm	405.6
39	Grün, Ann-Kathrin	Ennepetal	405.6
40	Kalenborn, Torsten	Straßfeld	469.4
40	Kurth, David	Bad Münstereifel	469.4
41	Franke, Oliver	Liederbach	493.0
41	Schramm, Nadine	Herzogenrath	493.0
42	Schumacher, Nicolai	Bonn	549.9
42	Reuther, Petra	Hennef	549.9
43	Böhmer-Wöll, Alexandra	Bendorf	606.1
43	Wöll, Thomas	Bendorf	606.1
44	Zimmer, Stefan	Blieskastel	903.4
44	Zimmer, Leonie	St. Ingbert	903.4
45	Sackenheim, Klaus	Koblenz	1056.6
45	Roth-Sackenheim, Christa	Koblenz	1056.6
46	Caspari, Thomas	Badenhard	1181.6
46	Caspari, Lars	St. Goarshausen	1181.6
47	Herget, Roland	Freudenberg	1184.8
47	Simon, Zara	Freudenberg	1184.8

Top17 Rookiewertung (19 Starter)

Platz	Name	Ort	Punkte
1	Lux, Andreas	Langenberg	8.7
1	Schalldach, Tim	Münster	8.7
2	Sieber, Walter	Widnau / CH	23.7
2	Hagmuller, Niklas	Sankt Florian	23.7
3	Lutterbeck, Daniel	Aitrach	33.1
3	Widemann, Christoph	Heimertingen	33.1
4	Gutte, Pascal	Neuwied	39.8
4	Ihrlich, Nadja	Mülheim Kärlich	39.8
5	Sartoris, Thomas	Daun	50.5
5	Junk, Marcel	Monheim am Rhein	50.5
6	Strehl, Pascal	Kerpen	70.5
6	Vogt, Ingo	Titz	70.5
7	Rodig, Stefan	Rellingen	75.5
7	Rodig, Andrea	Rellingen	75.5
8	Scheffel, Thomas	Siershahn	87.5
8	Scheffel, Tim	Siershahn	87.5
9	Steil, Christopher	Eppelborn	201.7
9	Birster, Jannik	Eppelborn	201.7
10	Große-Venhaus, Georg	Bottrop-Kirchhellen	252.3
10	Laarmann, Frederik	Bottrop	252.3
11	Pietschmann, Martin	Niederfüllbach	284.1
11	Honold, Volker	Rödental	284.1
12	Neske, Alexander	Ditzingen	372.5
12	Hoffmann, Nick	Herxheim	372.5
13	Pieper, Markus	Schwelm	405.6
13	Grün, Ann-Kathrin	Ennepetal	405.6
14	Kalenborn, Torsten	Straßfeld	469.4
14	Kurth, David	Bad Münstereifel	469.4
15	Franke, Oliver	Liederbach	493.0
15	Schramm, Nadine	Herzogenrath	493.0
16	Zimmer, Stefan	Blieskastel	903.4
16	Zimmer, Leonie	St. Ingbert	903.4
17	Sackenheim, Klaus	Koblenz	1056.6
17	Roth-Sackenheim, Christa	Koblenz	1056.6

Mannschaftswertung (3 Teams)

1   Team „Null Runde"   **24,07**
Schlüter / Schlüter
Dedekind / Meier
Großelanghorst / Bollweg
Mellentin / Mellentin

2   MSC Wahlscheid im ADAC   **21,47**
Göbbels / Göbbels
Derscheid / Derscheid
Willmann / Willmann

3   AT-Esser Motorsport   **17,96**
Esser / Coenen
Strehl / Vogt
Esser / Pistel

Ergebnisse 2024

GLP Jahresgesamtwertung 2024

Pl.	Name	1.Lf	2.Lf	3.Lf	4.Lf	5.Lf	6.Lf	7.Lf	JW
1	**Ezaru, Harald - Bad Wildbad**	**9,81**	**9,82**	**9,91**	**9,90**	**9,80**	**9,89**	**DNS**	**59,13**
1	**Ezaru, Harald (Senior) - Bad Wildbad**	**9,81**	**9,82**	**9,91**	**9,90**	**9,80**	**9,89**	**DNS**	**59,13**
2	Göbbels, René - Eschweiler	9,71	9,55	9,82	9,70	9,59	8,49	9,07	57,44
2	Göbbels, Tina - Eschweiler	9,71	9,55	9,82	9,70	9,59	8,49	9,07	57,44
3	Dedekind, Michael - Landshut	7,48	9,91	9,64	9,31	8,67	9,57	9,26	56,36
3	Meier, Sandra - Landshut	7,48	9,91	9,64	9,31	8,67	9,57	9,26	56,36
4	Ostrowski, Steven - Essen	9,90	9,64	9,37	9,21	9,18	9,03	2,96	56,33
4	Ostrowski, Jennifer - Essen	9,90	9,64	9,37	9,21	9,18	9,03	2,96	56,33
5	Lux, Andreas - Langenberg	9,13	9,46	8,47	8,71	7,45	9,46	9,44	54,67
6	Derscheid, Andrea - Much	8,74	9,38	9,01	9,60	9,69	6,99	7,96	54,38
6	Derscheid, Rolf - Much	8,74	9,38	9,01	9,60	9,69	6,99	7,96	54,38
7	Zimmer, Simon - Blieskastel	8,25	9,29	8,02	9,80	9,29	9,14	DNS	53,79
7	Zimmer, Stefan - Blieskastel	8,25	9,29	8,02	9,80	9,29	9,14	1,85	53,79
8	Goroll, Paul - Waltenhofen	9,61	8,84	9,55	DNC	9,49	8,06	8,15	53,70
9	Gödderz, Sebastian - Winkelhaid	7,77	8,66	9,19	8,91	8,37	8,92	9,63	53,68
9	Suitter, Jessica - Winkelhaid	7,77	8,66	9,19	8,91	8,37	8,92	9,63	53,68
10	Spiller, Markus - Heusweiler	9,51	8,93	8,92	8,81	8,57	8,17	DNS	52,91
10	Spiller, Michael - Heusweiler	9,51	8,93	8,92	8,81	8,57	8,17	DNS	52,91

Pl.	Name	1.Lf	2.Lf	3.Lf	4.Lf	5.Lf	6.Lf	7.Lf	JW
11	Quack, Simon - Mönchengladbach	8,93	DNS	9,28	8,32	8,78	8,39	8,89	52,59
11	Abrahams, Henrik - Mönchengladbach	8,93	DNS	9,28	8,32	8,78	8,39	8,89	52,59
12	Petzold, Ralph - Wallerfangen	8,45	8,57	9,73	DNS	7,04	9,68	6,67	50,14
13	Kaster, Karl-Alois - Nettersheim	7,28	7,50	8,11	7,43	7,65	8,60	7,22	46,57
13	Hansen, Markus - Nettersheim	7,28	7,50	8,11	7,43	7,65	8,60	7,22	46,57
14	Dahl, Jens - Diespeck	6,70	7,86	8,83	7,52	8,47	6,88	6,30	46,26
15	Esser, Manuel - Titz	5,83	DNS	9,10	5,64	8,16	8,82	8,70	46,25
16	Lehmann, Marc - Jülich	7,86	8,30	7,30	4,46	6,63	6,34	8,52	44,95
16	Lehmann, Kerstin - Jülich	7,86	8,30	7,30	4,46	6,63	6,34	8,52	44,95
17	Esser, Joachim - Titz	8,64	DNS	7,93	8,51	7,24	8,71	3,52	44,55
17	Pistel, Hans-Josef - Titz	8,64	DNS	7,93	8,51	7,24	8,71	3,52	44,55
18	Schlüter, Karin - Horstmar	DNS	9,20	3,87	9,50	2,24	9,78	9,81	44,40
18	Schlüter, Winfried - Horstmar	1,94	9,20	3,87	9,50	2,24	9,78	9,81	44,40
19	Schlagenhaufen, Christoph - Krumbach	9,61	8,84	DNS	DNC	9,49	8,06	8,15	44,15
20	Marnet, Lion - Glashütten	8,35	8,13	6,76	7,92	3,57	DNS	7,04	41,77
20	Marnet, Klaus - Garmisch-Partenkirchen	8,35	8,13	6,76	7,92	3,57	DNS	7,04	41,77
21	Adam, Andrea - Kaiserslautern	6,41	7,77	7,12	6,93	7,35	6,13	DNS	41,71
21	Rünger, Marcel - Kaiserslautern	6,41	7,77	7,12	6,93	7,35	6,13	DNS	41,71
22	von Scheid, Patrick - Pomster	8,83	7,14	DNS	8,42	9,08	7,96	DNS	41,43
23	Coenen, Nils - Titz	5,83	DNS	9,10	DNS	8,16	8,82	8,70	40,61
24	Nowara, Stefan - Troisdorf	9,03	6,43	8,56	8,12	DNC	8,28	DNC	40,42
25	Berres, Axel - Mainz	6,89	6,07	7,48	5,74	6,22	7,20	4,63	39,60
26	Mellentin, Falk - Mönchengladbach	DNC	9,73	8,20	2,28	9,90	9,35	DNC	39,46
26	Mellentin, Monika - Mönchengladbach	DNC	9,73	8,20	2,28	9,90	9,35	DNC	39,46
27	Radermacher, Patrick - Bonn	4,95	6,16	6,94	8,61	5,82	6,77	DNS	39,25
27	Maru, Serkan - Rheinbreitbach	4,95	6,16	6,94	8,61	5,82	6,77	DNS	39,25
28	Datzer, Matthias - Rot am See	3,30	5,54	7,03	7,72	6,43	6,24	6,11	39,07
28	Datzer, Jürgen - Rot am See	3,30	5,54	7,03	7,72	6,43	6,24	6,11	39,07
29	Kuhl, Thomas - Prüm	5,92	6,79	6,67	5,54	5,41	7,10	DNC	37,43
30	Kreisel, Markus - Münster	3,79	4,29	5,32	7,13	6,33	5,70	7,78	36,55
30	Kreisel, Nina - Münster	3,79	4,29	5,32	7,13	6,33	5,70	7,78	36,55
31	Tiedtke, Peter - Dortmund	6,99	DNS	6,31	8,22	7,86	6,56	DNS	35,94
31	Pallmann, Annette - Dortmund	6,99	DNS	6,31	8,22	7,86	6,56	DNS	35,94
32	Schumacher, Nicolai - Bonn	7,09	5,18	6,04	7,03	DNS	7,31	2,22	34,87
32	Reuther, Petra - Hennef	7,09	5,18	6,04	7,03	DNS	7,31	2,22	34,87
33	Lux, Markus - Soest	9,13	9,46	DNS	8,71	7,45	DNS	DNS	34,75
34	Nohles, Raphael - Wimbach	5,24	5,89	6,49	6,73	5,31	4,95	DNS	34,61
34	Nohles, Sascha - Wimbach	5,24	5,89	6,49	6,73	5,31	4,95	DNS	34,61
35	Fassbender, Wilfried - Hürth	7,57	5,27	5,14	6,34	5,10	DNS	4,81	34,23
35	Klein, Rolf - Erftstadt	7,57	5,27	5,14	6,34	5,10	DNS	4,81	34,23
36	Richling, Mathias - Wimbach	8,83	7,14	DNS	DNS	9,08	7,96	DNS	33,01
37	Rombach, Markus - Jülich	8,06	7,95	8,65	DNS	8,27	DNS	DNS	32,93
38	Sartoris, Thomas - Daun	2,82	4,82	7,57	DNS	6,12	5,38	5,93	32,64
38	Junk, Marcel - Monheim am Rhein	2,82	4,82	7,57	DNS	6,12	5,38	5,93	32,64

Pl.	Name	1.Lf	2.Lf	3.Lf	4.Lf	5.Lf	6.Lf	7.Lf	JW
39	Findt, Patrick - Katzenbach	9,42	DNS	7,66	7,82	DNS	DNS	7,59	32,49
39	Ahrens, Philipp - Budenheim	9,42	DNS	7,66	7,82	DNS	DNS	7,59	32,49
40	Nowara, Marion - Troisdorf	9,03	6,43	DNS	8,12	DNC	8,28	DNC	31,86
41	Ahrens, Manuel - Hasborn-Dautweiler	8,45	DNS	DNS	DNS	7,04	9,68	6,67	31,84
42	Markl, Michael - Mühlheim	7,38	8,21	5,95	2,57	DNS	7,63	DNS	31,74
42	Markl, Madeline - Rottweil	7,38	8,21	5,95	2,57	DNS	7,63	DNS	31,74
43	Schwenk, Lukas - Volxheim	DNS	4,38	4,68	6,83	6,53	9,25	DNS	31,67
43	Servos, Noah - Kerpen	DNS	4,38	4,68	6,83	6,53	9,25	DNS	31,67
44	Paslick, Stefan - Wettringen	7,67	7,41	6,58	5,35	4,39	DNC	DNS	31,40
45	Hörstmann, Simon - Troisdorf	6,02	6,61	5,77	6,04	DNS	6,02	DNS	30,46
45	Falderbaum, Frank - Swisttal	6,02	6,61	5,77	6,04	DNS	6,02	DNS	30,46
46	Rodig, Stefan - Rellingen	DNC	4,91	2,97	5,15	6,94	4,19	5,37	29,53
46	Rodig, Andrea - Rellingen	DNC	4,91	2,97	5,15	6,94	4,19	5,37	29,53
47	Vosen, Thomas - Nümbrecht	DNS	9,11	7,84	DNC	6,84	4,73	DNS	28,52
47	Vosen, Klaus - Nümbrecht	DNS	9,11	7,84	DNC	6,84	4,73	DNS	28,52
48	Carvalho, Fabio - Flawil	5,05	8,04	4,59	7,62	DNS	2,80	DNS	28,10
48	Batista Pereira, Luka - Waldstatt	5,05	8,04	4,59	7,62	DNS	2,80	DNS	28,10
49	Paslick, Daniel - Neuenkirchen	2,52	7,41	7,21	5,35	4,90	DNC	DNS	27,39
50	Braun, Hubert - Aachen	6,50	4,02	4,77	4,26	4,29	3,44	DNS	27,28
51	Kreckel, Peter - Hofheim	DNS	6,07	7,48	DNS	6,22	7,20	DNS	26,97
52	Buderath, Marc - Linnich	DNS	DNS	5,68	4,16	9,39	7,53	DNS	26,76
52	Nacken, Nina - Herzogenrath	DNS	DNS	5,68	4,16	9,39	7,53	DNS	26,76
53	Will, Detlef - Wangerland	DNS	8,39	6,22	6,44	DNS	5,59	DNS	26,64
53	Anhuth, Daniel - Sundern	DNS	8,39	6,22	6,44	DNS	5,59	DNS	26,64
54	Schalldach, Tim - Münster	DNS	DNS	4,95	5,05	7,14	DNS	9,44	26,58
55	Scheffel, Thomas - Siershahn	2,72	2,59	4,05	4,55	4,59	5,16	5,19	26,26
55	Scheffel, Tim - Siershahn	2,72	2,59	4,05	4,55	4,59	5,16	5,19	26,26
56	Best, Julian - Gau-Algesheim	4,56	6,34	6,40	DNS	DNS	7,85	DNS	25,15
56	Ertel, Christopher - Schwabenheim	4,56	6,34	6,40	DNS	DNS	7,85	DNS	25,15
57	Neske, Alexander - Ditzingen	4,27	7,32	DNS	6,14	3,78	DNS	3,15	24,66
58	Herget, Roland - Freudenberg	4,37	6,25	DNS	6,63	5,61	DNC	1,30	24,16
58	Simon, Zara - Freudenberg	4,37	6,25	DNS	6,63	5,61	DNC	1,30	24,16
59	Wagner, Frank - Kyllburg	5,92	DNS	6,67	5,54	5,41	DNS	DNS	23,54
60	Friedrich, Roger - Wuppertal	6,60	6,88	DNS	4,75	5,20	DNS	DNS	23,43
61	Schneider, Heinrich - Theres	DNS	5,45	6,85	5,94	4,08	DNS	DNS	22,32
61	Dr Dr Schneider, Michael - Bad Honnef	DNS	5,45	6,85	5,94	4,08	DNS	DNS	22,32
62	Paslick, Christian - Wettringen	7,67	5,09	6,58	DNS	2,86	DNC	DNS	22,20
63	Lodde, Michael - Münster	3,59	2,50	4,14	2,48	3,37	5,48	DNS	21,56
64	Niemann, Dieter - Bocholt	3,50	3,66	DNS	5,25	4,49	4,30	DNS	21,20
65	Hoffmann, Nick - Herxheim	4,27	7,32	DNS	6,14	DNS	DNS	3,15	20,88
66	Restle, Uli - Rottenburg	6,12	6,70	DNS	2,18	2,55	3,01	DNS	20,56
67	Großelanghorst, Wolfgang - Gütersloh	DNC	DNS	DNS	9,01	5,92	DNS	5,00	19,93
67	Bollweg, Josef - Dissen	DNC	DNS	DNS	9,01	5,92	DNS	5,00	19,93
68	Willmann, Karl-Heinz - Köln	4,17	2,86	DNC	4,65	3,27	DNS	4,44	19,39

Pl.	Name	1.Lf	2.Lf	3.Lf	4.Lf	5.Lf	6.Lf	7.Lf	JW
68	Willmann, Till - Köln	4,17	2,86	DNC	4,65	3,27	DNS	4,44	19,39
69	Reher, Ralf - Münster	3,59	DNS	4,14	2,48	3,37	5,48	DNS	19,06
70	Schwan, Rolf - Aachen	6,50	DNS	4,77	DNS	4,29	3,44	DNS	19,00
71	Vogt, Ingo - Titz	4,85	DNS	DNC	4,95	2,96	DNS	5,74	18,50
71	Strehl, Pascal - Kerpen	4,85	DNC	DNC	4,95	2,96	DNS	5,74	18,50
72	Eckhardt, Torsten - Dehrn	DNS	DNC	3,15	7,23	4,80	3,12	DNC	18,30
73	Günter, Marc - Baiersbronn	7,96	DNC	5,59	4,36	DNS	DNS	DNS	17,91
73	Günter, Sven - Baiersbronn-Obertal	7,96	DNC	5,59	4,36	DNS	DNS	DNS	17,91
74	Stehli, Christian - Wittenbach/Schweiz	1,84	5,36	5,50	1,39	DNS	3,66	DNS	17,75
75	Pols, Ludwig - Hamminkeln	DNS	3,66	DNS	5,25	4,49	4,30	DNS	17,70
76	Doerfert, Carsten - Bonn	DNS	5,98	3,69	3,76	DNS	DNS	4,26	17,69
76	Hostert, Markus - Rech	DNS	5,98	3,69	3,76	DNS	DNS	4,26	17,69
77	Schlingmann, Peter - Celle	DNS	2,41	8,38	DNS	DNC	6,45	DNS	17,24
78	Fos, Kevin - Burscheid	1,75	DNS	5,23	3,17	2,76	3,76	DNS	16,67
79	Peckel, Michael - Issum	3,88	5,00	4,86	2,77	DNS	DNC	DNS	16,51
79	Klingel, Herbert - Oberhausen	3,88	5,00	4,86	2,77	DNS	DNC	DNS	16,51
80	Schwenzer, Niklas - Weilmünster	2,62	1,88	3,51	4,06	4,18	DNC	DNS	16,25
81	Overbeck, Thomas - Tönisvorst	7,18	DNC	4,50	3,66	DNS	DNS	DNS	15,34
81	Reichle, Uwe - Recke	7,18	DNC	4,50	3,66	DNS	DNS	DNS	15,34
82	Chalee, Prasopchai - Moers	DNS	6,96	DNS	2,87	3,88	1,29	DNS	15,00
82	Müller, Carsten - Eschweiler	DNS	6,96	DNS	2,87	3,88	1,29	DNS	15,00
83	Jäkel, Wolfgang - Bad Zwischenahn	DNS	2,32	DNC	DNS	5,00	7,42	DNS	14,74
84	Pieper, Markus - Schwelm	DNS	2,77	3,06	3,37	DNC	2,04	2,78	14,02
85	Schwenzer, Thomas - Weilmünster	DNS	1,88	3,51	4,06	4,18	DNS	DNS	13,63
86	Mars, Stephan - Wunstorf	5,63	DNS	7,75	DNC	DNC	DNS	DNS	13,38
86	Hoins, Ralph - Wunstorf	5,63	DNS	7,75	DNC	DNC	DNS	DNS	13,38
87	Striebich, Michael - Bonn	2,23	3,13	3,33	2,08	2,45	DNS	DNS	13,22
87	Striebich, Lukas - Hofheim	2,23	3,13	3,33	2,08	2,45	DNS	DNS	13,22
88	Grassmann, Christian sen. - Obertraubl.	3,98	3,84	2,25	3,07	DNS	DNC	DNS	13,14
89	Römer, Ralf Volker - Bottrop	DNS	2,32	DNC	3,27	DNS	7,42	DNS	13,01
90	Böhmer-Wöll, Alexandra - Bendorf	2,43	2,14	2,16	DNC	2,04	1,94	2,04	12,75
90	Wöll, Thomas - Bendorf	2,43	2,14	2,16	DNC	2,04	1,94	2,04	12,75
91	Weiland, Ralf - Schwetzingen	DNS	1,70	2,34	6,24	2,14	DNS	DNS	12,42
92	Caspers, Holger - Diez	DNS	DNC	DNS	7,23	4,80	DNS	DNC	12,03
93	Sieber, Walter - Widnau / CH	DNS	DNS	DNC	1,58	DNS	1,18	8,33	11,09
94	Grün, Ann-Kathrin - Ennepetal	DNS	2,77	3,06	DNS	DNC	2,04	2,78	10,65
95	Kühn, Victor - Aspach	DNC	4,20	DNS	2,67	DNS	3,55	DNS	10,42
95	Hein, Christian - Stuttgart	DNC	4,20	DNS	2,67	DNS	3,55	DNS	10,42
96	Steil, Christopher - Eppelborn	DNS	DNC	1,98	3,56	DNS	DNS	4,07	9,61
96	Birster, Jannik - Eppelborn	DNS	DNC	1,98	3,56	DNS	DNS	4,07	9,61
97	Grassmann, Christian jun.- Obertraubl.	3,98	DNS	2,25	3,07	DNS	DNC	DNS	9,30
98	Höing, Luis - Hamminkeln	2,04	4,11	DNC	1,09	DNC	DNS	DNS	7,24
99	Rinsch, Thomas - Hürth	DNC	2,68	2,52	1,88	DNS	DNS	DNS	7,08
100	Laarmann, Frederik - Bottrop	1,46	DNS	1,80	DNC	DNS	DNS	3,70	6,96

GLP Rookie Jahreswertung 2024

Platz	Name	1.Lf	2.Lf	3.Lf	4.Lf	5.Lf	6.Lf	7.LF	JW
1	**Lux, Andreas - Langenberg**	**9,68**	**9,73**	**9,74**	**9,31**	**8,82**	**9,69**	**9,47**	**48,31**
2	Zimmer, Stefan - Blieskastel	9,35	9,46	9,49	9,66	9,41	9,38	1,58	47,40
2	Zimmer, Simon - Blieskastel	9,35	9,46	9,49	9,66	9,41	9,38	DNS	47,40
3	Radermacher, Patrick - Bonn	7,74	7,57	8,72	8,97	7,35	8,75	DNS	41,75
3	Maru, Serkan - Rheinbreitbach	7,74	7,57	8,72	8,97	7,35	8,75	DNS	41,75
4	Sartoris, Thomas - Daun	4,84	6,76	9,23	DNS	7,65	8,13	7,37	39,14
4	Junk, Marcel - Monheim	4,84	6,76	9,23	DNS	7,65	8,13	7,37	39,14
5	Lux, Markus - Soest	9,68	9,73	DNS	9,31	8,82	DNS	DNS	37,54
6	Rodig, Stefan - Rellingen	DNC	7,03	5,13	7,59	8,24	6,25	6,32	35,43
6	Rodig, Andrea- Rellingen	DNC	7,03	5,13	7,59	8,24	6,25	6,32	35,43
7	Scheffel, Thomas - Siershahn	4,52	2,97	6,67	6,55	6,47	7,81	5,79	33,29
7	Scheffel, Tim - Siershahn	4,52	2,97	6,67	6,55	6,47	7,81	5,79	33,29
8	Buderath, Marc - Linnich	DNS	DNS	8,21	6,21	9,71	9,06	DNS	33,19
8	Nacken, Nina - Herzogenrath	DNS	DNS	8,21	6,21	9,71	9,06	DNS	33,19
9	Neske, Alexander- Ditzingen	7,10	8,65	DNS	8,28	5,29	DNS	3,68	33,00

Platz	Name	1.Lf	2.Lf	3.Lf	4.Lf	5.Lf	6.Lf	7.LF	JW
10	Schalldach, Tim - Münster	DNS	DNS	7,44	7,24	8,53	DNS	9,47	32,68
11	Niemann, Dieter - Bocholt	6,13	5,14	DNS	7,93	6,18	6,56	DNS	31,94
12	Hoffmann, Nick -Herxheim	7,10	8,65	DNS	8,28	DNS	DNS	3,68	27,71
13	Pols, Ludwig - Hamminkeln	DNS	5,14	DNS	7,93	6,18	6,56	DNS	25,81
14	Vogt, Ingo - Titz	7,42	DNS	DNC	6,90	4,12	DNS	6,84	25,28
14	Strehl, Pascal - Kerpen	7,42	DNC	DNC	6,90	4,12	DNS	6,84	25,28
15	Schwenzer, Niklas - Weilmünster	4,19	2,70	5,90	5,86	5,88	DNC	DNS	24,53
16	Fos, Kevin - Burscheid	2,90	DNS	7,69	4,14	3,82	5,63	DNS	24,18
17	Schwenzer, Thomas - Weilmünst.	DNS	2,70	5,90	5,86	5,88	DNS	DNS	20,34
18	Pieper, Markus - Schwelm	DNS	3,51	5,38	4,48	DNC	2,81	3,16	19,34
19	Chalee, Prasopchai - Moers	DNS	8,11	DNS	3,79	5,59	1,25	DNS	18,74
19	Müller, Carsten - Eschweiler	DNS	8,11	DNS	3,79	5,59	1,25	DNS	18,74
20	Grün, Ann-Kathrin - Ennepetal	DNS	3,51	5,38	DNS	DNC	2,81	3,16	14,86
21	Kühn, Victor - Aspach	DNC	5,95	DNS	3,45	DNS	5,31	DNS	14,71
21	Hein, Christian - Stuttgart	DNC	5,95	DNS	3,45	DNS	5,31	DNS	14,71
22	Steil, Christopher - Eppelborn	DNS	DNC	3,33	5,17	DNS	DNS	5,26	13,76
22	Birster, Jannik - Eppelborn	DNS	DNC	3,33	5,17	DNS	DNS	5,26	13,76
23	Sieber, Walter - Widnau / CH	DNS	DNS	DNC	1,72	DNS	0,94	8,95	11,61
24	Höing, Luis - Hamminkeln	3,23	5,68	DNC	1,38	DNC	DNS	DNS	10,29
25	Rinsch, Thomas - Hürth	DNC	3,24	3,85	2,76	DNS	DNS	DNS	9,85

GLP Jahreswertung „Damen" 2024 (Top20)

Platz	Name	1.Lf	2.Lf	3.Lf	4.Lf	5.Lf	6.Lf	7.Lf	JW
1	Göbbels, Tina - Eschweiler	9,71	9,55	9,82	9,70	9,59	8,49	9,07	57,44
2	Meier, Sandra - Landshut	7,48	9,91	9,64	9,31	8,67	9,57	9,26	56,36
3	Ostrowski, Jennifer - Essen	9,90	9,64	9,37	9,21	9,18	9,03	2,96	56,33
4	Derscheid, Andrea - Much	8,74	9,38	9,01	9,60	9,69	6,99	7,96	54,38
5	Suitter, Jessica - Winkelhaid	7,77	8,66	9,19	8,91	8,37	8,92	9,63	53,68
6	Lehmann, Kerstin - Jülich	7,86	8,30	7,30	4,46	6,63	6,34	8,52	44,95
7	Schlüter, Karin - Horstmar	DNS	9,20	3,87	9,50	2,24	9,78	9,81	44,40
8	Adam, Andrea - Kaiserslautern	6,41	7,77	7,12	6,93	7,35	6,13	DNS	41,71
9	Mellentin, Monika - Mönchengladb.	DNC	9,73	8,20	2,28	9,90	9,35	DNC	39,46
10	Kreisel, Nina -Münster	3,79	4,29	5,32	7,13	6,33	5,70	7,78	36,55
11	Pallmann, Annette - Dortmund	6,99	DNS	6,31	8,22	7,86	6,56	DNS	35,94
12	Reuther, Petra - Hennef	7,09	5,18	6,04	7,03	DNS	7,31	2,22	34,87
13	Nowara, Marion - Troisdorf	9,03	6,43	DNS	8,12	DNC	8,28	DNC	31,86
14	Markl, Madeline - Rottweil	7,38	8,21	5,95	2,57	DNS	7,63	DNS	31,74
15	Rodig, Andrea - Rellingen	DNC	4,91	2,97	5,15	6,94	4,19	5,37	29,53
16	Nacken, Nina - Herzogenrath	DNS	DNS	5,68	4,16	9,39	7,53	DNS	26,76
17	Simon, Zara - Freudenberg	4,37	6,25	DNS	6,63	5,61	DNC	1,30	24,16
18	Böhmer-Wöll, Alexandra - Bendorf	2,43	2,14	2,16	DNC	2,04	1,94	2,04	12,75
19	Grün, Ann-Kathrin - Ennepetal	DNS	2,77	3,06	DNS	DNC	2,04	2,78	10,65
20	Roth-Sackenheim, Christa - Koblenz	DNS	DNS	DNS	DNC	1,94	1,72	1,67	5,33

GLP Mannschafts Jahreswertung 2024

Platz	Name	1.Lf	2.Lf	3.Lf	4.Lf	5.Lf	6.Lf	7.Lf	JW
1	Team „Null Runde"	2	5	3	5	4	6	3	26
2	MSC Wahlscheid e.V	3	4	5	4	3	2	2	23
3	Die „Ü30er"	DNS	3	4	3	DNS	1	DNS	11
4	AT-Esser Motorsport	DNS	DNS	2	2	2	3	1	10
5	Scuderia Augustusburg Brühl	1	2	1	1	1	DNS	DNS	6

Hinter den Kulissen

Digitale Sicherheit an der Nordschleife

Ein Quantensprung für die Sicherheit auf dem Nürburgring: Die flächendeckende Streckenüberwachung und das neue digitale Frühwarnsystem sind nun aktiv. Das Zusammenspiel von 100 Kameras und 46 großen LED-Panels sorgt ab sofort für ein völlig neues Sicherheitsniveau auf der anspruchsvollsten Rennstrecke der Welt. Damit ist ein entscheidender Schritt im Rahmen des Digitalisierungsprozesses vollbracht. Die künstliche Intelligenz wird nun parallel weiterentwickelt.

Die digitale Sicherheitszentrale an der Noirdschleifenzufahrt.

Die großen LED-Panels stehen im Blickfeld der Fahrer.

Ob technischer Defekt, Unfall oder rutschige Strecke: Auf den 21 Kilometern der Grünen Hölle vergehen ab sofort nur noch wenige Sekunden vom Zwischenfall bis zur Warnung und der Aktivierung einer Rettungskette. Wertvolle Zeit, die Leben retten kann. Die Mitarbeiter der Streckensicherung haben über die Kameras das Geschehen jederzeit im Blick und können nun auch per Knopfdruck auf die neu installierten LED-Panels zugreifen.

Die gut sichtbaren 100 x 80 Zentimeter großen Panels kommen zunächst bei Touristenfahrten sowie gewerblichen Nutzungen, wie etwa Trackdays oder Industrie-Testfahrten, zum Einsatz. Sie warnen nahezu in Echtzeit nachfolgende Fahrer – und das bereits hunderte Meter bevor sie die Gefahrenstelle überhaupt erreichen. So sollen insbesondere Folgeunfälle, wie zum Beispiel das Auffahren auf ein stehendes Fahrzeug, vermieden werden.

„Ab heute hat unsere Streckensicherung einen direkten Blick auf jede der 73 Kurven der Nordschleife und kann digital ins Geschehen eingreifen. Das ist ein Quantensprung, den man gar nicht hoch genug einschätzen kann. Bislang wurden Gefahrenstellen über Funk oder Notfalltelefon gemeldet und die Streckensicherung konnte anschließend erst vor Ort warnen. Das gehört der Vergangenheit an", beschreibt der Geschäftsführer der Nürburgring 1927 GmbH & Co. KG, Ingo Böder, den aktuellen Entwicklungsstand der Digitalisierung.

Das frühzeitige Erkennen von Gefahren, die Rettung und Versorgung von Personen und die Warnung des nachfolgenden Verkehrs – all dies wird zentral gesteuert aus einer neuen Sicherheitszentrale an der Nordschleifen-Zufahrt. Bis zu drei Mitarbeiter beobachten hier die Bildschirme – bereits unterstützt von künstlicher Intelligenz.

Mit dem Start der Digitalisierung der Nordschleife vor drei Jahren hatte sich die Nürburgring 1927 GmbH & Co. KG große Ziele für die Sicherheit auf der legendären Rennstrecke gesetzt. Nach ersten Tests auf einem Teilabschnitt der Strecke fiel schnell die Entscheidung, das System flächendeckend umzusetzen. Insgesamt 11 Millionen Euro lässt sich die Betreibergesellschaft des Nürburgrings seitdem die Umsetzung der Sicherheitsmaßnahme für alle Aktiven auf der Strecke kosten. Investiert wurde in Kameratechnik, LED-Panels, den Ausbau einer digitalen Infrastruktur mit Glasfaserkabeln und Stromversorgung sowie in die Entwicklung einer künstlichen Intelligenz mit dem IT-Partner Fujitsu.

Während die Hardware nun installiert ist und bereits funktioniert, wird bis 2025 weiter an der künstlichen Intelligenz gearbeitet. Diese soll in Zukunft erste

Die LED-Panels warnen vor möglichen Gefahren.

Warnsignale in Sekundenbruchteilen automatisch aktivieren und das System somit noch schneller und effektiver machen. Dabei bleibt eine Maxime stets bestehen: Auch bei noch so effizienter künstlicher Intelligenz behalten die Mitarbeiter der Streckensicherheit immer die Entscheidungshoheit und die absolute Kontrolle.

„Diese Digitalisierung ist eine der umfassendsten Baumaßnahmen in der bald 100-jährigen Historie unserer Rennstrecke", so Nürburgring-Geschäftsführer Ingo Böder. „Es ist ein gutes Gefühl, sie mit dieser Maßnahme in die Zukunft zu führen."

Vorerst wird das System inklusive der künstliche Intelligenz nur im Touristenfahrerverkehr eingesetzt. Aber nach einer erfolgreichen Testphase und den entsprechenden Genehmigungen der Sportbehörden sollte der Anwendung auch im Motorsport nichts mehr im Wege stehen.

Safety first!

Die Sieger 2024: Harald & Harald

Und wieder ist es ein Vater-und-Sohn-Team, das die GLP Jahreswertung für sich entscheiden kann. Nachdem zwei Jahre in Folge, 2022 und 2023, die Familie von Fragstein den Titel gewann, waren es in dieser Saison wieder Harald und Harald (sen.) Ezaru die bei der GLP Jahresiegerehrung den Pokal für den Gesamtsieg in Empfang nehmen können. Nach dem Erfolg von 2021 nun schon der zweite Titelgewinn für das Duo aus Bad Wildbad.

2013 begann Harald Ezaru jun. seine Nürburgring-Karriere mit sporadischen Einsätzen in der RCN light. Zwei Jahre später wechselte der Kfz Sachverständige in die GLP und verbesserte hier sein Platzierungen von Jahr zu Jahr. Ab 2020 nahm dann Vater Harald Ezaru sen. den Platz auf dem „heißen Stuhl" im silbernen BMW 330 mit dem markanten blauen Längststreifen ein. Im folgenden Jahr gewann das Familienteam Ezaru erstmals die Saisonwertung. Ohne einen Tagessieg herauszufahren sicherten sich Vater und Sohn in einem spannenden Finale den GLP Titel.

Ausgezeichnet mit der Startnummer „1" konnten sie ihren Erfolg 2022 nicht wiederholen und belegten hinter Oliver und Udo von Fragstein am Ende der Saison den zweiten Platz. 2023 dann P3 in der Jahreswertung hinter Falk und Monika Mellentin sowie den von Fragsteins als Titelträgern.

Und in der abgelaufenen Saison? Das GLP Jahr 2024 begann für die beiden Haralds mit einem zweiten Platz bei der GLP „Bergischer Schmied" hinter Steven und Jennifer Ostrowski im AMG Mercedes. Auch beim 2. Lauf (GLP Schloss Augustusburg Brühl") blieb es beim zweiten Platz. Diesmal hatten Michael Dedekind und Sandra Meier (BMW M3) die Nase vorn. Zu diesem Zeitpunkt hatten Ezaru/Ezaru in der Jahreswertung aber schon den 1. Platz belegt und sollten ihn auch bis zum Saisonende nicht mehr abgeben. Einer der Gründe dafür war der Sieg beim 3. GLP Lauf (Venntrophy). Dadurch motiviert, liessen sie auch beim folgenden „Erftquellenpreis" das gesamte Feld hinter sich und siegten erneut. Bei der GLP „Rhein Sieg" waren es Frank und Monika Mellentin, die mit nur 0,5 Fehlerpunkten eine herausragende Veranstaltung fuhren und Vater&Sohn Ezaru (0,8 Punkte) auf den zweiten Platz verwiesen. Für klare Verhältnisse sorgten Ezaru/Ezaru bei der Rhein Ruhr GLP. Hier erreichten sie erneut den 1. Platz und lagen damit uneinholbar auf P1 der Jahreswertung. Mit drei Siegen und drei zweiten Plätzen waren sie damit vorzeitige GLP Jahressieger und da Harald Junior kein Fan der GP Strecke ist, liessen sie den finalen Endlauf aus..

Drei Fragen an Harald Ezaru

Herzlichen Glückwunsch zum zweiten GLP Titel nach 2021. Wie fühlt Ihr Euch am Ende der Saison?

◆*Harald: Großartig – nach dem Sieg bei der GLP 6 fiel der ganze Druck ab – endlich Erleichterung. Die letzten zwei GLPs waren anstrengend und mit viel Druck verbunden. Als Gejagter ist es bei den engen Abständen an der Spitze nicht leicht.*

Wir sind überglücklich nach 2021 den zweiten Titel gewonnen zu haben.

Drei Tagessiege und dreimal der zweite Platz – es hätte schlechter laufen können ☺. Wo seht ihr die Grundlage für Euren Erfolg?

◆*Harald: Dieses Jahr lief sehr erfolgreich für uns. Das hätten wir niemals erwartet, insbesondere nicht bei der Leistungsdichte, die derzeit in der GLP herrscht. Das regelmäßige Training hat sich definitiv gelohnt. Wir sind mittlerweile ein richtig gutes eingespieltes Team. Über die Winterpause werden wir weiterhin trainieren, um unser Niveau zu halten.*

Wie wird es 2025 für das Team Ezaru/Ezaru weitergehen??

◆*Harald: Wir werden 2025 weiterhin als Vater/Sohn-Team an den Start gehen und unser Bestes geben den Titel zu verteidigen – "Never change a winning Team"*

Wir freuen uns schon auf die Saison 2025!

ADAC
Die Gelben Engel

Bei einer Kfz-Panne helfen die Gelben Engel des ADAC. Diese Erfahrung hat fast jeder Autofahrer schon einmal gemacht. Doch der ADAC ist mehr als nur ein Helfer in der Not. Seiner Satzung entsprechend, sieht der ADAC seine Aufgabe in der „Wahrnehmung und Förderung der Interessen des Kraftfahrzeugwesens und des Motorsports" und widmet sich dem Fortschritt im Straßenverkehrswesen, der Verkehrssicherheit, der Verkehrserziehung, dem Tourismus und dem Schutz der Verkehrsteilnehmer als Verbraucher.

Der ADAC ist einer der Trägervereine des DMSB und prägt damit, zusammen mit seinen etwa 1750 aktiven Ortsclubs, maßgeblich den Motorsport in Deutschland. In der Regel sind die ADAC Ortsclubs Motorsportvereine und organisieren auf den verschiedenen Ebenen den Großteil der deutschen Motorsportveranstaltungen. Die Bandbreite ist vielfältig und reicht von Fahrradturnieren, Kartsport, über Motocross, Automobilslalom, Rallye und Rundstrecke bis zu Formel-Rennen. Auch an RCN-, GLP- und VLN-Veranstaltungen sowie dem 24h Rennen auf dem Nürburgring sind ADAC Ortsclubs und deren Mitglieder in den verschiedensten Positionen beteiligt.

Damit sind Ortsclubs die personelle Basis für die ehrenamtliche Vereinsarbeit im ADAC. Mindestens 30 Personen braucht man, um einen ADAC-Ortsclub zu gründen, der dann von einem Regional-Club anerkannt werden muss.

Um den deutschen Motorsportnachwuchs nachhaltig zu fördern, wurde 1998 die ADAC Stiftung Sport gegründet. Dabei werden junge Motorsportler mit entsprechendem Potenzial von Experten und Partnern der Stiftung in allen Belangen unterstützt. Außer materiellen Zuschüssen erhalten die Geförderten auch die Möglichkeit, an Schulungen und Coachings teilzunehmen. Darüber hinaus stellt die Stiftung finanzielle Mittel zur Steigerung der Sicherheit im Motorsport und zur Unterstützung verunfallter Amateurmotorsportler zur Verfügung.

www.adac.de - www.motorsport-nordrhein.de

SAVE THE DATES

ADAC

RAVENOL 24 ADAC nürburgring

19. - 22. Juni 2025
14. - 17. Mai 2026
27. - 30. Mai 2027
25. - 28. Mai 2028

#24hNBR

24h-rennen.de

ADAC Nordrhein e.V.

Alle Angaben ohne Gewähr!

KÜS
Viel mehr als nur
Fahrzeuguntersuchungen

Sicherheit ist ein wertvolles Gut. Die KÜS kümmert sich als Überwachungsorganisation seit jeher um Fahrzeug- und Verkehrssicherheit. Ob Hauptuntersuchung oder Änderungsabnahme, die KÜS Techniker sind mit Sicherheit der richtige Ansprechpartner. Mit dem Firmenverbund ist die KÜS auch darüber hinaus ein Full-Service-Dienstleister im Dienste der Sicherheit.

KÜS Technik ist der Technische Dienst der Kraftfahrzeug-Überwachungsorganisation freiberuflicher Kfz-Sachverständiger. Vom Kraftfahrt-Bundesamt (KBA) als solcher anerkannt, werden hier Teilegutachten und Typgenehmigungen z.B. für Räder und weitere Fahrzeugteile sowie Gutachten zur Erteilung von Genehmigungen für Hersteller oder Importeure von einzelnen Nutzfahrzeugen, Personenkraftwagen oder Anhängern erstellt.

Die **KÜS Automotive** erstellt Schadensgutachten nach Unfällen oder auch Wertgutachten z.B. für historische Kfz. Dabei steht Professionalität und strikte Neutralität absolut im Vordergrund: Nur so ist die Anerkennung der erstellten Expertisen gewährleistet.

KÜS Data verfügt über eines der modernsten Rechenzentren Deutschlands und garantiert damit umfassende Lösungen in Sachen IT-Sicherheit.

KÜS Service ist ein starker Dienstleister für betriebliche Sicherheitsvorsorge und unterstützt Firmen in Fragen der Arbeitssicherheit, Arbeitsmedizin, Unfallverhütung (UVV) sowie hinsichtlich Umwelt- und Datenschutz.

www.kues.de

Träume verwirklichen.
Mit Sicherheit.

Ob Tuning oder Änderung an deinem Fahrzeug:

Mit der Änderungsabnahme von KÜS lassen sich deine automobilen Träume realisieren.
Damit deine Sicherheit nicht auf der Strecke bleibt.

Vorläufige GLP Termine 2025

29.03	**1. GLP Lauf**
12.04.	**2. GLP Lauf**
14.06.	**3. GLP Lauf**
17.08. (So)	**4. GLP Lauf**
06.09.	**5. GLP Lauf**
28.09. (So).	**6. GLP Lauf**
24.10. (Fr)	**7. GLP Lauf**

Dorint Am Nürburgring Hocheifel

Das 4-Sterne Hotel Dorint Am Nürburgring Hocheifel wird für viele Motorsportler an Rennwochenenden zur zweiten Heimat. Komfortable Zimmer mit Blick auf die Landschaft der Hocheifel oder auf die imposante Rennstrecke, ein perfekter Service und ein ausgezeichnetes Frühstück – was will man mehr?

An Renntagen verwandelt sich das Komfortzimmer mit Balkon zu einem exklusiven Logenplatz mit einzigartiger Sicht auf die Zielgerade. Alle Zimmer sind elegant und innovativ ausgestattet, verfügen über TV, WLAN und Nespressomaschine.

Zu den RCN- und GLP-Terminen bietet das Hotel Sonderkonditionen an.
(auf Anfrage und nach Verfügbarkeit)

Reservierungen:

Janina Fraczek	Tel. +49 2691 309 590
Lara Jung	Tel. +49 2691 309 592
	E-Mail: reservierung.nuerburgring@dorint.com

RCN GLP Ansprechpartner

RCN GLP Beauftragter
Jürgen Seidel
Rödchenstr. 10, 52156 Monschau
Tel.: 0151 / 19001487 oder 02472 / 7709
jueseidel@t-online.de

Nennungseingang RCN GLP
Rita Seidel
Tel.: 02472 / 7709
Fax: 02472 / 805947
glp-nennung@t-online.de

Ansprechpartner für sportliche Fragen
Hans-Werner Hilger
Am Pastorsgarten 10, 50321 Brühl
Tel.: 02232 / 35757
Fax: 02232 / 35959
hwhilger@aol.com

Streckensicherung / Ansprechpartner für Sportwarte
Franz Mönch
Tel.: 0177 / 3105577
fc.moench@web.de

Pressearbeit
Wolfgang Förster
Tel.: 02248 / 912269
info@motor-emotions.de

RCN Geschäftsstelle / Serien-Manager
Willi Hillebrand
Meinkenbrachterstr. 18, 59846 Sundern-Meinkenbracht
Tel: 02934 / 4589807
Mobil: 0151 / 46176026
manager@r-c-n.com

RCN GLP Vereine

AC Oberhausen im ADAC

46047 Oberhausen, Welfenstr. 7

www.ac-oberhausen.de

BMC Bergischer Motorcub im ADAC

50859 Köln, Hauptstr. 19

rcn@bergischermotorclub.de

www.bergischermotorclub.de

MC Roetgen im ADAC

52157 Roetgen, Postfach 1202

1.Vorsitzender@mcroetgen.de

www.mcroetgen.de

MIG 7 Motorsport-Interessen Gemeinschaft Siebengebirge im ADAC

53844 Troisdorf-Sieglar, Meindorfer Str. 20

info@mig-7.de

www.mig-7.de

MSG Solingen

42657 Solingen, Glockenstr. 24b

benzinfuechse@msg-solingen.de

www.msg-solingen.de

Scuderia Augustusburg Brühl im ADAC

50321 Brühl, Am Pastorsgarten 10

hwhilger@aol.com

www.scuderia-augustusburg-bruehl.de

SFG Schönau im ADAC

53902 Bad Münstereifel, Ahrweilerstraße 26

guido-lethert@sfg-schoenau.de

www.sfg-schoenau.de

Zielgruppe Motorsporteinsteiger?

Nordschleifen-Affinität?

**Dann könnte hier
IHRE
Anzeige stehen
und für Ihr Unternehmen
im GLP Jahrbuch werben!**